作者简介

刘庆振　北京信息科技大学网络与新媒体系副教授，计算传播研究所负责人，博士，先后毕业于中国人民大学新闻学院和中国传媒大学广告学院。主要研究方向为智能媒体、计算传播学、计算广告学、新媒体产业经济、新媒体营销等。主持国家社科基金青年项目"智能算法时代的计算广告学理论建构和应用创新研究"及北京市社科基金青年项目"'互联网+'时代的政府数据开放政策与应用创新研究"等项目。受聘担任凤凰卫视中国与世界品牌研究中心顾问、中关村大数据产业联盟计算传播研究中心主任、电子商务协会顾问等。著有《计算广告学》《智能红利》《媒介经营与管理》等，在《现代传播》《当代传播》《编辑之友》等学术期刊发表CSSCI期刊来源论文、中文核心期刊论文、行业研究论文50余篇。

于　进　中国科学院大学经管学院博士生，中国经济导报社副总编辑，中国发展网总编辑。长期致力于宏观经济新闻传播与政策研判、形势分析。近年来致力于大数据平台建设和融媒体发展研究与实践，系中宣部新闻出版改革发展项目"PPP全媒体社交平台"及"中国品牌发展大数据平台"项目负责人。参与、负责多项国家中长期规划、重大国际倡议建设、国家区域战略政策成果全媒体展览展示工作，"全国低碳日"气候传播工程总协调人。著有《中国城市发展观察》、《齐飞—空客A320建设纪实》等。

牛新权　北京信息科技大学公管传媒学院副教授，传播学博士。主要学术兼职有：中国社会心理学会传播心理专业委员会委员，现代职业教育研究院专家委员新媒体分委会专家等。主要教学和研究领域为传播心理学、传播伦理与法规、网络与新媒体等。近年来致力于大数据时代的网络舆情分析及其智能管理、计算传播学等研究方向。著有《农业新闻传播》《数字文化传播》等。

本书系2017年度北京信息科技大学"勤信人才"计划资助项目"智能媒体视阈下的计算传播学理论拓展与应用创新研究"（项目编号：QXTCPC201709）成果。

本研究同时获得了中关村大数据产业联盟人才中心和百万学术精英汇聚平台"学术志"的大力支持。

| 联系作者 | 计算传播学 | 计算广告学 | 中关村大数据产业联盟人才中心 |

计算传播学

智能媒体时代的传播学研究新范式

刘庆振　于　进　牛新权◎著

人民日报学术文库

人民日报出版社

图书在版编目（CIP）数据

计算传播学 / 刘庆振，于进，牛新权著 . —北京：
人民日报出版社，2019.6
ISBN 978 - 7 - 5115 - 6059 - 9

Ⅰ. ①计… Ⅱ. ①刘… ②于… ③牛… Ⅲ. ①数据处
理—应用—传播学 Ⅳ. ①G206 - 39

中国版本图书馆 CIP 数据核字（2019）第 101684 号

书　　　名：计算传播学
作　　　者：刘庆振　于　进　牛新权

出 版 人：董　伟
责任编辑：孙　祺
封面设计：中联学林

出版发行：人民日报出版社
社　　　址：北京金台西路 2 号
邮政编码：100733
发行热线：（010）65369509　65369846　65363528　65369512
邮购热线：（010）65369530　65363527
编辑热线：（010）65369518
网　　　址：www. peopledailypress. com
经　　　销：新华书店
印　　　刷：三河市华东印刷有限公司

开　　　本：710mm × 1000mm　1/16
字　　　数：210 千字
印　　　张：15. 5
印　　　次：2019 年 8 月第 1 版　　2019 年 8 月第 1 次印刷

书　　　号：ISBN 978 - 7 - 5115 - 6059 - 9
定　　　价：78. 00 元

专家推荐语

我们正站在一个全新的计算社会科学的起点上，从这个起点开始，数据要素和计算能力将成为包括传播学在内所有社会科学赖以生存和发展的关键资源。在这样的背景下，一个新的交叉学科——计算传播学应运而生，它使得我们可以用新的视角和新的方法来分析传播过程和传播行为。本书的作者梳理了有关计算传播学的几个热点话题，能够帮助读者了解当前的研究现状，并启发大家展开更加深入具体的研究。

——教育部长江学者特聘教授、北京师范大学新闻传播学院执行院长　喻国明

在即将进入21世纪第三个十年的时候，计算传播学因其全新的概念、假设、思维和方法而在传播学的理论界和产业界引发了广泛的关注，并在本轮信息技术革命的催化之下逐渐形成了一种新的传播学研究范式。它改造着既有的传播学研究版图、重构着现存的传播学话语体系、完善着传播学的理论框架、更新着传播学的世界观和方法论。本书对这些话题做了基础性的探讨，希望越来越多的学

者和从业者进行更加多视角且持续性的关注和研究。

——央视市场研究（CTR）执行董事、总经理，CTR 媒体融合研究院执行院长 徐立军

这本《计算传播学》分析了数据视角下程序化广告、精准化传播和个性化服务带来的媒介产业变革，解读了智能媒体时代传播话语权利转移和范式转换的技术逻辑，提出了新科技革命背景下不同于大众传播模式的全新研究思维和全新研究方式的传播观和方法论，开创了传播学研究社会计算的新领域。

——上海外国语大学教务处处长、卓越学院执行院长 姜智彬

计算传播学方兴未艾，它正在以全新的视角、先进的技术、交叉的方法对传播领域进行着前所未有的解构和重构，其巨大意义就在于它启发我们用数据和算法的思维方法来重新看待传播学乃至整个社会科学领域的各类新旧问题。从这个角度来看，计算传播学既是认识论又是方法论。在已然开启的智能媒体时代，它对经典传播模式的认知方式和实践方法都进行了大胆而有益的突破和创新，提升了我们理解和诠释传播事件、传播现象、传播问题和传播原理的广度与深度。

——北京信息科技大学公共管理与传媒学院院长 杨孔雨

大数据已经成为我们身处的这个当代世界的一个最基本特征，任何传播行为和传播活动都已经无法离开比特时代的海量数据而退回到原子时代那种简单的大众传播模式。也恰恰正是这些通过高密度存储设备和低成本云计算服务处理的海量数据，为传播领域的学术研究和应用开发提供了看待传播世界的新视角、探索传播模式的新观点、解释传播行为的新工具。这些规模大、变化快、维度多的整体数据而非过去传统统计学意义上的抽样数据，为今天的计算传播学提供了不一样的研究思路和研究范式。

——中关村大数据产业联盟人才中心主任　孙科

在技术革命的背景下，尽管广告、媒体、传播的概念会发生变化，但是，计算传播学、计算广告学等新范式的理论逻辑、技术基础和基本目标都会在较长的时期内处于相对稳定的状态，那就是：运用最优秀的算法对海量的产品供给和广泛的用户需求进行个性化、动态化、智能化和精准化的完美匹配。谁能更好地提供这一服务、完成这一目标，谁就会是新范式游戏规则下的新赢家。

——自媒体"Marteker"创始人兼CEO　冯祺

无论是数据主义对大众传播要素的解构，还是计算能力对网络传播路径的重构，从本质上看，这些转变已经深刻地影响了学术领域与产业领域的传播观和方法论，并推动着传统大众传播学的方方面面不断拥抱数据主义和计算主义，从而催生了一个全新的传播学分支学科——计算传播学。尽管从短期来看，计算传播学作为一种新生力量仍然仅仅只是被视为经典大众传播学的有益补充；但从更长远的角度来看，随着数据主义和计算主义不断地渗透到传播领域的各个环节和各个细节，这种大范围的解构和重构将在根本上推动传播学世界的范式转换。

    ——百万学术精英聚集平台"学术中国""学术志"创始人、学君　郭泽德

序　言

技术、数据、算法正在对越来越多社会科学领域的既有传统造成巨大的冲击，新闻传播学科也不例外。2012 年我还在中国传媒大学读博士的时候，就有同学谈到准备研究"计算广告学"这一话题。彼时大数据之风刚刚在神州大地刮起，无论是学术界还是产业界很多人对此无动于衷。

就着这个话题，在接下来的几年中我们组成了非常紧密的研究小组，对于计算、数据、算法等话题展开了深入而有益的探讨，有时甚至讨论到深夜。也就是在那段时间，我对智能媒体、计算传播学、计算广告学、计算社会科学等领域产生了浓厚的兴趣，并在进入高校任教之后沿着这个方向继续展开了大量的基础研究。坦白说，今天我们对于计算传播学的理解与认知还处在较为初期的阶段，虽然产业领域已经有了很多应用创新，学术领域也早在十年前就抛出了相应的概念，但不得不承认的是，直到目前，计算传播学作为一个全新的交叉学科，仍然处在它的形成过程中。

正是因为新的概念、新的理论和新的范式还没有完全定型，所以我们才更需要广泛而充分的讨论，才更需要拥有交叉学科背景和信息技术视角的产学研精英们参与到这种讨论中来，厘清逻辑，凝聚共识。也正因此，呈现在大家面前的这本《计算传播学——智能媒体时代的传播学研究新范式》与其说是一本专著，不如说是一本提交给产学研各界进行讨论和批判的基础材料。拿着它在手里，我们的议题就有了更加明确的指向性。所以，它就是为了引玉而被抛出去的那块砖，我们希望大家能够愿意以多种方式对它进行探讨、指正和更改。

在过去，我们总会认为一本书交付印刷就可以画一个句号了。但是在今天，我们却深刻地感觉到在它交付印刷的那一刻起，才是真正的出发点。因为这意味着在此后相当长的一段时期内，我们都将要不断地对这个话题进行知识的更新、方法的完善和内容的迭代，就像一款应用程序那样，不更新就意味着消亡。

这本书的出版得到了很多学界业界专家的支持。这里我要对我的导师、中国传媒大学广告学院资深教授黄升民先生，教育部长江学者特聘教授、北京师范大学新闻传播学院执行院长喻国明先生，央视市场研究（CTR）执行董事、总经理、CTR媒体融合研究院执行院长徐立军先生，上海外国语大学教务处处长、卓越学院执行院长姜智彬先生，北京信息科技大学公共管理与传媒学院院长杨孔雨先生表示诚挚的谢意，他们对这本书的内容给出了很多中肯的建议。还要感谢我的好朋友自媒体"Marteker"创始人兼CEO冯祺，百万学术精英聚集平台"学术中国""学术志"创始人、学君郭泽德，中关村大数据产业联盟人才中心主任孙科等，他们也为这本书的出版提供了无私的帮助。此外，深圳大学的钟书平老师、重庆工商大学的王凌峰老师、苏州科技大学的梁建飞老师与王兆红老师、海南大学的孙梦诗老师、岭南师范学院的葛在波老师以及我的几位学生牛媛媛、王艳荣、张鹏伟、陈疆猛等也为本书的部分内容和资料做出了重要的贡献，在这里也一并对他们表示感谢。人民日报出版社的编辑孙祺是我的好朋友，这是我与她合作的"计算系列"第二本，从选题策划到出版印刷，她都为此付出了很多的心血，在这里也向她致以诚挚的谢意。最后还要重点感谢的是我的家人，他们为我写作这本书提供了充足的时间保障和精神支持！

　　关于计算传播学、计算广告学和计算社会科学的探讨已经开始了，当然，要形成一定的结论还有待时日。但我相信，就在这样深入的探讨过程中，我们一定能够获得新方法、新思维、新工具和新理论。而这些，对于大家都是有益的。

刘庆振

目 录
CONTENTS

第一章

初识计算传播学

计算传播学（Computational Communication）是近年来传播学与计算机科学和数据科学等学科交叉而逐渐兴起的一个传播学的分支领域。它的中心课题是如何利用大数据、算法、人工智能等全新的技术工具来更好地解释传播行为、促进传播过程、优化传播方式和测量传播效果。因此，它会非常强调探讨数据和技术在整个传播过程中向我们揭示的现象以及对我们的传播生态所造成的深远影响。计算传播学不仅只是一种现象和趋势，更重要的还在于它是我们探讨传播流程和传播问题的新理论、新方法乃至新范式。

一、计算传播学的发生发展

传统的大众传播模式是一对多的模式，我们通过大众传播媒介和把关人对各种信息进行编码和解码。但这种编码和解码的过程，由于其本身相对简单而缺乏双向互动的特征，因此更多地停留在了对传播内容的定性判断上。而媒介组织所开展的对部分受众行为的监测和效果分析，也同样因为传播过程的简单和传播研究方法的局限而大打折扣。事实上，传统的大众传播模式因为是建立在一对多的单向逻辑之上的，所以无论是其内在需求，还是其外在技术，都不需要也不支持大规模的数据收集和运算。

网络传播使得人和组织正在以前所未有的方式不断连接起来，并在这种连接的基础之上增加了大量的传播互动模式和方式，一对一、一对多、多对一、多对多、多对少、少对一、少对多等多种传播模式的排列组合不断涌现，熟人网络与陌生人网络相互交织、即时互动，并且在没有把关人的情况下其传播频率和传播速率变得异常高效频繁。每个人每个组织都需要面对大量的编码，解释和解码过程。传播内容的增加、传播频率的增强，以及传播效果的增进，都会产生大量的数据，同时我们又能够反过来借助这些数据优化传播过程。算法的重要性日益被强化。计算主义在传播过程中的快速普及和广泛应用，正在使其从过去发送者把信息推送给接收者的"推"的逻辑和模式，转变为接收者仅仅通过智能屏幕下拉出他自己所需要的信息的"拉"的逻辑和模式。

随着互联网和移动互联网的快速发展，网络空间实时产生的海量数据为我们观察和研究传播行为和传播过程提供了宝贵的资源。尤其是近年来大数据技术和人工智能技术取得了实质性的突破之后，在数据挖掘、机器学习和智能算法的驱动下，计算主义视角和工具受到了社会科学各大分支领域的广泛关注和充分认可，传播学也开始尝试通过新的思路对传播过程进行解构和重构。在这样的背景下，计算主义被引入传统的传播学研究中来，形成了一个新的交叉学科：计算传播学。

在这个过程中，数据和算法所起到的作用不容忽视。事实上，在技术革命和算法崛起的时代背景下，经济学、营销学、统计学、管理学等社会科学领域的各大分支学科都正在努力建设并完善一套全新的可量化、可计算的研究方法，以更准确、更客观、更全面的视角来发现并解决社会问题。与此相对应的，传播学也借鉴这些学科的最新探索方式和成果，试图通过更加严谨的计算主义方法对传播过程所涉及的各大要素和各类问题进行更好的解释和解答。可以说，计算传播学的发生和发展已经使得传播学的量化研究方法从传统的统计调查思维跨到了与当前大数据思维和技术紧密结合的全新模式。

说到计算传播学，首先涉及"计算"和"可计算"的问题，何谓"计算"，何谓"可计算"呢？事实上，直到目前在计算传播学乃至计算社会科学领域，也没有给出一个非常明确且清晰无误的定义，尽管无论在现实生活中还是在学术研究中我们几乎每天都在"计算"，但这种无处不在的计算正是因为其存在的广泛性而为所有传播学者所忽略，没有太多人专门研究传播过程中的计算问题，也很少有人讨论可计算性究竟是一种理论还是一种方法。直到涉及计算社会科学或者计算传播学的根本定义时，人们才想起来要解释一下什么是"计算"以及什么是"可计算"。这两个概念主要来源于自然科学领域，广义数学中的计算理论（Theory of Computation）是一种用来研究计算过程与功效的数学理论，它主要包括算法、算法学、可计算理论、复杂性理论、形式语言理论等分支方向，其中，可计算性理论（Computability theory）作为计算理论的一个分支，研究在不同的计算模型下哪些算法问题能够被解决。相对应的，计算理论的另一个主要内容是，计算复杂性理论考虑一个问题怎样才能被有效地解决。

计算传播学的概念甫一出现，就在传播业界和学界受到了广泛关注，并获得了快速的发展，其内涵和外延也在近几年被大量的研究者不断地充实和扩展。与此同时，计算主义和数据主义的研究思维和研究方法也逐渐取代了传统的统计调查等量化方法，从而大大扩展了我们对传播现象、传播过程和传播问题的研究范畴和分析能力。

目前，国内典型的计算传播应用模式有智能推荐、计算广告、数据新闻等。这些典型的应用场景之所以能够快速地在市场上取得成功并受到业界学界的广泛关注和认可，实际上是与进入 21 世纪后互联网技术、大数据技术和人工智能技术的普及密不可分的。这些技术使得大量的用户行为能够以数字化的方式被跟踪和记录，从而为媒体、营销公司和科研机构对用户的深入研究提供了最基本的数据素材。正是因为这些数据具备前所未有的广度、深度和规模，我们才得以从更加客观、更加精确和更加细微的视角来理解整个传播过程所涉及的包括生产者、传播者、用户、媒介、广告主等在内的方方面面，从而为我们理解这个过去看上去如此复杂的传播系统提供了一种全新的视角。

二、计算传播学的概念探讨

通常的观点认为，计算传播学是计算社会科学（Computational Social Science）的重要分支。这种提法在公开发表的学术论文和诸如百度百科这样的网络文本中屡见不鲜。事实上，计算社会科学的快速兴起是计算传播学这一概念引发关注的重要背景之一。"计算社会科学的兴起使得我们开始更加严肃地思考可计算性在传播学研究当中的作用。"① 加之传播学本身又是社会科学领域非常重要的一个分支，所以从语义逻辑的角度来看，认为计算传播学是计算社会科学的重要分支并没有不妥之处。

但就本体论而言，这种提法在一定程度上忽略了计算传播学作为传播学这个主体学科重要分支的事实，而有意无意地将它归入计算社会科学这样一个几乎无所不包的泛泛概念之中。这会导致很多学术研究和产业实践片面地关注计算工具和算法逻辑等定语成分，而对传播要素和传播过程等主语成分缺少深刻的认识。因此，当我们把它表述为计算传播学是传播学的重要分支学科之后，就能够准确地把握它作为传播学与计算机科学、数据科学、人工智能、心理学、生物学等领域的交叉学科这一本质，就能够时刻提醒我们在产业实践和学术研究过程中清晰地把计算主义作为一种观念和工具引入传播学以更好地发挥其价值。

此外，大多数研究者为了研究的方便起见，都认为计算传播学起源于计算社会科学，原因在于 2009 年 Lazer 等一批社会科学家、计算机科学家和物理学家在《科学》杂志上发表了题为《网络中的生活：计算社会科学时代的到来》的论文。然而这篇文章无论在标题还是在正文中都没有正式地提出关于计算传播学的概念。与其说这篇文章是计算传播学概念的策源地，毋宁说社会科学各个分支学科的很多研究者受到了计算社会科学这一概念的启发，将计算主义的方法、工具和技术与本学科之间进行了勾兑，从而提出了类似于计算人类学、计算社会学、计算新闻学、计算传播学等更具体的分

① 王成军：《计算传播学：作为计算社会科学的传播学》，《中国网络传播研究辑刊》2014 年。

支学科概念，在客观上促进了社会科学各个领域与数据科学、信息科学和计算机科学等自然科学领域的交融。在这个过程中，"计算""可计算""社会计算"等概念被大量地使用于社会科学研究的各个角落。

我们可以更大胆地推论，计算传播学概念的产生与这篇文章并无必然联系，因为计算主义和数据主义在各个领域和不同学科中的广泛应用已经是一个不争的客观事实了，只不过理论研究工作把这种实践应用上升到学术层面存在一定的滞后性，但各个学科提出与此相关联的概念只是或早或晚的事情。例如，计算广告学的概念提出就比 Lazer 等人提出计算社会科学的概念还要早，它是雅虎研究院资深研究员 Andrei Broder 在 2008 年第十九届 ACM – SIAM 学术研讨会议上首先提出来的，并给出了计算广告学的经典定义。① 由于广告学与传播学之间存在着千丝万缕的密切联系，我们为什么不把计算传播学的起源追溯到 2008 年呢？

因此，关于计算传播学的起源及概念提出，我们更倾向于认为，随着计算主义和数据主义在传播学领域被越来越广泛地应用，传播学亟须提出一个新的概念来引导当前乃至下一阶段的理论研究和产业实践，在这样的语境下，作为分支学科的计算传播学在传播学这一母体中应运而生。之所以是计算传播学而不是数据传播学或算法传播学或其他什么概念被采用，其实是一个集体选择的结果。

在这个集体选择过程中，较早期的研究无疑起到了一定的概念启蒙作用。例如，祝建华等人从现有的传播学研究的角度对"计算

---

① 刘庆振：《"互联网＋"时代的计算广告学：产生过程、概念界定与关键问题》，《新闻知识》2016 年第 6 期。

社会科学"以及传播研究的关系进行综述，沈浩等也提出复杂网络和社会计算是传播学研究的新思路、新路径。王成军首先在其论文《计算传播学——作为计算科学的传播学》中使用了"计算传播学"一词。同时，一个新的学术概念是否具有较强的张力，获得广泛的认可，并不仅仅取决于少数的几位研究者，更重要的是取决于活跃在学术界和产业界的大量意见领袖。经过近些年的产业实践和学术讨论，以及包括清华大学、南京大学、中国传媒大学、北京师范大学、北京信息科技大学等高校和喻国明、祝建华等研究者的积极探索，国内的学术界和产业界对计算传播学的概念已经形成了一定的共识，以"计算传播学"为主题的实验室、研究所和学术论坛也陆续地建立或开展起来了。

不过分强调计算传播学是计算社会科学新的分支并不代表我们忽略甚至不承认社会科学、计算社会科学之于传播学、计算传播学的意义和价值，它仍然在思维和方法上启发着我们谨慎大胆地开展更具有创新意义的传播学乃至计算传播学的研究工作。社会科学与自然科学虽然存在着很大的差异，甚至在绝大多数情况下无法形成放之四海而皆准的定理，但它仍被认为是一种科学的原因主要在于社会科学在对社会问题展开研究的过程中像自然科学那样努力保持着一种客观中立的研究态度和事实描述，并尽最大的可能确保它所得出的研究结论是经得起推敲和检验的，也就是说可以证实或者证伪的。恰恰是这种严谨的研究态度和研究方法，使得社会科学在研究过程中高度重视定量研究，通过可以量化、可以计算的方式来研究人类的社会行为，乃至传播行为。

所以，计算传播学中的"计算"包含了两层重要的含义：第一层是从计算机科学或更广义的信息科学等视角来理解传播过程中的数据和可计算性；第二层是传播理论或更具体的传播现象所涉及的对某些个性化和差异化算法的应用。从这个角度看，计算传播学主要关注的焦点是传播行为和传播过程的可计算性基础，以人工智能、数据挖掘、机器学习、推荐算法等计算机技术为主要工具，通过大规模地跟踪、收集、挖掘、分析在整个传播过程中所产生的大量数据，来发现传播现象和传播行为背后更深刻的底层代码和基础模式，并分析这些传播模式的发生原因、运行机制、逻辑原理和最终效果。

在这里，它并不忽略或者排斥传播学研究的传统方法，比如经验主义、功能主义、抽样调查、定性研究等，但它更多地强调采用计算主义的方法，把它更广泛地应用到传播学研究的各个领域，并与传统方法相互结合，从而更好地利用我们不断增强的数据收集和分析能力，为传播学研究和实践进行服务。在这个基本思路的基础上，我们需要重点梳理传播学可计算性的各个要素和各个环节，讨论实现传播学可计算化的道路和方法，并积极探索力求寻找一个合理的关于计算传播学的概念或定义。

三、作为新范式的计算传播学

在整个传播媒介不断进化的历史过程中，每一次新技术和新媒介的更迭进化都会带来人们对交流、沟通、传播的重新思考。而在传播学从社会学分离出来成为一个独立的学科之后，传播学界的研究者对新技术和新媒介的研究也变得更加广泛和深入。从广播电视到互联网，从智能手机到万物皆媒，大数据和人工智能技术的快速发展对旧有的传播学知识产生了强烈的冲击，从而倒逼着今天的传播学界对算法工具和计算主义展开新的理论思考，这时候计算传播学逐渐成为一个全新的研究范畴，并补充、增强、完善，乃至重塑着现有的传播学研究框架。关于新媒体、新技术、新传播、新智能、新业态的大量研究，尽管层出不穷，却往往乏善可陈，因为这样的研究仍然受到了旧思维、旧理论、旧权威、旧框架和旧方法的限制而无法做到有所突破或推陈出新。

以经验主义传播学为主流的研究方法，虽然在很大程度上可以结合定性研究和定量研究使其得出的结论看上去更有说服力，然而它在理论的拓展和实践的应用方面都难以突破传播学过去数十年来发展而形成的基本框架。于是我们看到越来越多的研究转向了更加微观的领域，但中观上的研究方法和宏观上的传播范式进化却非常缓慢。这就导致细分领域和具体问题的研究因为理论的路径依赖和方法的惯性逻辑而沦为一种难以证实或证伪的自洽。无论是对用户媒体使用行为还是内容传播效果的测量及在此基础上建立的模型，很多时候都是因为统计方法和数据缺陷而缺乏可信度。

以议程设置这一基础理论为例，有相当长的一段时间，国内外大量的学者把主要的关注焦点放在了经典的议程设置理论和应用上。这是早期研究传播效果最主要的理论和方法之一。这一理论指出，用户可能会关注一些问题而忽略另一些问题，这种现象本身就足以对社会的公众舆论产生巨大的影响，用户通常会有兴趣了解市场上所有媒体关注的主要话题，并会受到媒体对这些话题进行排序的影响，甚至会直接采纳媒体确定的先后次序来安排自己对这些问题的关注兴趣。我们可能要确定哪些话题是媒体关注的话题、媒体是怎样进行排序的、用户是否真的会按照媒体的排序来关注这些话题。

为了对这些阐释清晰，传统的做法是采取抽样调查与深度访谈相结合来进行市场调研，从而为我们的议程设置提供之所以这么做的证据。但从目前信息技术和传播方式的巨大变革来看，智能硬件和社交网络的快速发展使得我们很难按照传统议程设置的方式来掌控传播过程，统计调查的方式也无法解释乃至解决庞大的数据量和此起彼伏的新闻事件等现象及其背后所隐藏的社会问题。在这样的技术背景下，传播学的可计算性研究在总体特征上发生了革命性的变化。

在这样的氛围中，对学科的重新审视尤为必要，谋求创新和突破成为产业实践和理论拓展的共同需求。计算传播学的兴起在一定意义上，也恰恰是在尝试通过跨学科研究的思维和方法，建立起数据科学、生物科学、计算机科学、人工智能科学等领域与传播学之间进行充分交流与合作的机制和规范，并进一步探索、推进、形成传播学研究的新范式。计算传播研究进行着前所未有的重新解构和建构，其广度、深度和规模都得到了极大的拓展。但在这个过程中，计算传播学必然会继承既往的传播学研究传统的全部精髓和经验，并对已有的研究方法进行全新的补充、完善和扬弃，借此完成对传播过程中可计算要素的梳理和研究工作。

当然，这种梳理和研究工作并不是一朝一夕就可以完成的，需要一些时间。尽管 21 世纪的第一个十年是 PC 互联网发展的黄金十年，但在这黄金十年中，产业界和学术界都没有拿出一个非常具有颠覆性的传播解决方案。直到进入第二个十年，大数据技术和人工智能技术突飞猛进并被产业实践广泛接受之后，才有越来越多的人忽然间意识到，数据才是最关键的生产要素，而算法则是把这一生产要素转化为生产力的引擎。计算传播学的发生也不过是近十年的事情，直到目前还没有形成一整套完整的研究理论、研究框架和研究方法。

今天的计算传播学仍然处在初始阶段的孕育期，它是传播学领域正在涌现的一个全新分支，距离形成一种新的科学研究范式，还有很长的路要走。正如香港城市大学媒体与传播系祝建华教授等所说的那样，要形成新的传播学研究范式或者学术创新，"需要四个条件：新现象的涌现、新数据的易得、新方法的普及、新人才的形成"①。

按照这四个条件来看，新现象的涌现已经成为一个不争的客观事实，无论是在互联网领域，还是在更多其他的经济领域，对新技术的应用和对大数据的重视已经成为普遍现象。新数据的易得性也已经基本具备，无论是传统领域还是新兴领域，都能够以较低的成本和较便捷的方式积累或者获取大量的数据素材。然而新方法的普及和新人才的形成，却没有想象中那么乐观。尤其是对于已经形成一定研究规范和基本方法的传播学体系，新的研究方法的引进和普及需要打破对传统研究方法的路径依赖，说得更直接一些，是需要当前的传播学研究者打破行为惯性、走出舒适区去接受更多新鲜的事物。或者，需要在现有的学科体系内完善充实那些能够运用新的研究思路和研究方法的青年研究人才队伍。但无论是前者还是后者，都需要相对较长的一个时间周期。

四、传播的变革与传播学的转向

数字化、网络化、移动化、智能化，使得我们每个人都正在成

---

① 祝建华、张丽华、黄显：《计算传播学与传播研究范式转移》，《青年记者》2018 年第 22 期。

为建立在大数据基础之上的智能媒体时代的受益者。过去二十年，中国跑步进入信息社会，与此同时中国的媒体产业跑步完成了从数字化向智能化的进阶。但是在当前的人工智能与媒体创新应用遍地开花的大环境下，对于新背景下新闻传播实践的学术思考则显得相对有些落寞。在新的智能革命的大前提下，传播学领域亟须新的学科洞见和新的理论拓展。因为，当信息社会已然降临，数以亿计的公民将大量的注意力全神贯注在由所有节点共同构建的智能媒体巨大网络生态的时候，我们必须用更高水平的概念来界定自己、用更高层次的理论来武装自己、用更高视野的哲学来升华自己。

所以在技术革命驱动之下初现雏形的智能媒体大时代，我们要的是一种全新的具有深刻阐释性和前瞻性的传播学，或许计算传播学是一个能够在很大程度上具有高度概括性的范式，它能够帮助我们重新思考新技术、新媒体、新环境下个人的身份、知识的本质和学科的基础等核心问题。这些问题包括但不限于：传播的本质是什么？智能媒体时代的社交有什么差异化？我们怎样在算法控制的世界中完善自我？我们如何在数据开放与隐私保护之间寻找平衡点？我们真的变得千人千面了吗，抑或是我们仍然是所谓的乌合之众？当然，计算传播学并不可能基于这其中的某一个问题或者某一项应用就能够发展出一套理论范式，它需要建立在更宏观、更整体、更全面的视角下进行一种全新的学术研究探索。这种探索为身处智能媒体时代的所有人提供了崭新的理论工具和探究方法，从而帮助我们更好地理解当前的很多传播技术和传播现象，并最终帮助我们发展出更完善的传播学思想体系。

没有理论的建构就没有实践的升华，没有应用的创新也同样没有学术的拓展，当产业快步冲锋在前的时候，研究已经站在了一个寻求突破的历史节点上，计算传播学正是在这样的背景下发生和发展起来的。它是传播学领域寻找新的确定性时必然会看到的一个路标，并因其强大的张力吸引了越来越多研究者的目光，使他们共同致力于探索一种富有指导性的逻辑框架，为智能媒体时代创建一种稳健、完善、合理且丰富的传播学话语体系，它将重点探讨大数据、算法与人工智能如何影响到信息的生产、编辑、分发、反馈等传播环节以及我们与整个世界的沟通方式等问题。

未来今日研究所（Future Today Institute，FTI）是一家聚集了很多未来科学家的研究机构，它们的研究重点是未来技术如何变革我们的生活、工作和管理方式，在 FTI 发布的《2018 年传媒业技术趋势报告》中，提到了传媒从业者应该重点关注的 75 个重要技术发展趋势，这其中的很多趋势与智能媒体和计算传播学息息相关，例如深度学习、机器阅读理解、计算新闻学、5G 通信网络等，这些技术都在以前所未有的程度影响着当前的媒体朝着更加智能化的方向演进。

举例而言，实时机器学习技术（Real – Time Machine Learning）意味着已经开发出来的计算机程序和智能机器人已经完全可以做到在获取数据的同时，马上根据已经取得的数据调整相应的模型了。在这样的前提下，真正称得上智能化的媒体就可以根据用户当前在手机应用的浏览速度、关注焦点，乃至用户情绪进行更加精准的内容推荐，或者实时调整页面的字体、颜色、风格以更适应不同用户的阅读习惯。更进一步的，机器阅读理解技术（Machine Reading Comprehension，MRC）也取得了更加实质性的进步。我们每个人都有一个深入的体会，试想，当你利用百度或者其他搜索去查询某一个具体的问题时，你是希望系统给出一个准确的答案，还是希望它给你的是一堆 URL 链接让你自己去找？当然是前者，毕竟我们需要的是答案，而不是搜索引擎给到我们无数的链接让我们自己判断哪一条才是我们真正想要搜索到的结果。

这个时候，机器阅读理解技术就派上了用场，我们可以通过语音向 siri 提出一个具体的问题，它通过具体的分析来推断你所提出问题的具体含义，并快速地综合所有互联网上所搜索到的海量数据，迅速给出一个令你满意的答案。类似的，自然语言理解技术（Natural Language Understanding，NLU）可以通过提取概念、梳理关系、分析情绪、判断观点等方式，帮助我们将即时通信工具、各种社交网站以及大量的日常语音对话等非结构化的语言转化成清晰可见的舆情动态。这个实验室进行的更有意思的一项研究是，它们的科学家正在训练机器人观看电视节目，而且在观看了大量的视频以及类似《绝望的主妇》这样的电视剧之后，这台基于人工智能的机器人设备已经能够非常准确地预测视频中的人物的下一个动作将要握手、击掌、拥抱或者亲吻了。

很难想象有什么东西还没有被这场智能媒体革命所转变或是重新定义。这意味着，旧的传播学问题正在升级或重构，我们需要重新思考个人的身份、沟通的本质、传播的基础等问题。今天的传播学领域，无论是那些技术的乐观派还是悲观派，都会时不时地问一个非常类似的问题——接下来的技术创新会是什么样的？它们将会以怎样的方式继续改变传媒格局？同样的，传播学者也在以一个更加深度的视角思考这些话题。技术创新背后的全新逻辑已经正在以更加广泛、更加深刻和更加具体的方式创造和重塑着传播学的理论基础和现实基础，改变着我们对于自身、对于他者、对于世界的既有认知，重构着我们通过媒体手段和传播方式所建立起来的自身与他人之间的互动关系，并从根本上升华着传播学的世界观和方法论。

这种世界观和方法论的升维主要得益于智能媒体近些年来的快速发展，而智能媒体的快速发展又是建立在人工智能技术取得实质性突破的基础之上的。人工智能关注的焦点主要在于如何利用计算机去模拟、延伸和扩展人类智能，即通过计算机模仿人的某些思维过程和智能行为（如学习、推理、思考、规划等），其具体内容主要包括计算机实现智能的原理和制造类似于人类智能的计算机。而建立在人工智能基础之上的智能媒体关注的焦点则更加具体，它希望通过利用人工智能模仿人类思维和人类行为的大量创新技术，实现更加高效、实时、精准和智能的信息传播目标。因此，无论是智能媒体作为一种全新的世界观，还是计算传播学作为一种全新的方法论，它探讨的根本议题都非常明确，那就是在大数据、算法、人工智能赋能传播的新时代，如何在充分尊重人性的前提下，匹配用户的信息需求和内容偏好，并提升这种建立在强大的计算能力基础上的传播过程的效果。通过智能媒体生态，我们能更精确地依靠目标人群的知识图谱、用户画像和标签体系实现精准匹配，用户不仅更加智能地搜索到自己想要的信息，还能够接收到算法技术根据用户需求主动推荐的信息。从而实现从人找信息到信息找人的本质性转变，因此在未来的理想化的计算传播景观中，任何非智能化、非个性化的内容推荐都在一定程度上可以被视为某种信息噪声。

从传播学的视角来看待搜索引擎和推荐引擎，这二者都是用户获取信息非常重要的方式和手段。试想一下，在过去的大众传播时代，我们主动去报刊亭购买一张报纸，是不是一种信息搜索行为？我们拿着遥控器不停地切换频道，是不是一种信息搜索行为？我们通过百度关键词查找的方式查询咨询，是不是一种搜索方式？我们通过购物网站的搜索栏查找商品，是不是一种搜索方式？获取信息是人类认知世界、生存发展的刚需，搜索就是最明确的一种方式，其体现的动作就是"人找信息"，这意味着无论是在传统大众时代的信息搜索，还是在互联网时代的搜索引擎，在信息的获取和信息的传播过程中，用户都具备很大程度的主动性，他非常清楚自己对什么样的信息和内容感兴趣。他知道自己喜欢财经新闻所以才去报刊亭买了一张《21世纪经济报道》，他知道自己喜欢综艺节目所以才把电视频道定位在了湖南卫视，他知道自己想要了解北京信息科技大学的网络与新媒体方向，所以在百度的搜索框中输入了这所大学的名称。在个性化内容推荐系统没有被大规模地应用于新闻传播领域之前的大众传播和网络传播时代，搜索的方式是人们获取信息的主要方式。但是还存在一种情况，那就是用户并不清晰自己的信息需求和内容渴望，就好像逛商场有时候纯粹就是闲逛一样的道理，但用户还是在商场购买了点什么东西。在这样的场景下，用户有时候特别需要一种商场闲逛攻略向他推荐一下每一个店铺的特色产品，或者需要一种应用程序主动向他推送一些他可能感兴趣的内容，从而填补他目的并不明确的闲散时间。这个时候，以今日头条为典型代表的内容个性化推荐应用快速地成长起来，推荐系统要解决的问题是信息应该如何更好地匹配给用户。与此同时，推荐引擎非常关注的另一个话题是，用户的信息获取和消费行为是如何影响了信息的生产和分发。

从传播学的角度来讲，抛开传统人工主动搜索信息的方式，搜索引擎和推荐引擎的基本架构存在很大的相似成分：二者都是为了更好地实现信息呈现和用户需求之间的最优化匹配。当然，它们之间也存在很大的差异：前者是目的明确地主动获取信息，后者是无目的地获取信息；前者是标准化的答案，后者是个性化的内容；前者是快速地满足用户需求，后者是持续地提供信息服务。在《内容算法》一书中，闫泽华也提到这样的观点："推荐与搜索最大的差异在于用户表意是否明确。因此，推荐系统需要尽可能地完善用户的长期画像（对哪些类目、实体词、话题感兴趣）和短期场景（时间、地点信息），这样才能够在用户每一次请求时更好地揣摩用户当下的意图，以便进行后续的内容匹配。"① 举例而言，使用搜索引擎的时候，用户想要了解北京信息科技大学网络与新媒体系的具体情况，于是他在百度搜索中输入了学校名称，点击了搜索按键，呈现在他面前的搜索结果与呈现在另一位也搜索了北京信息科技大学的用户面前的搜索结果，是完全一样的，只要网速足够快，他们二人完全可以在不超过 1 秒的时间内快速得到同样的搜索结果。但是推荐引擎不同，当用户打开内容推荐应用软件的时候，他所使用的设备会在第一时间将这位用户的时间、地点、网络、手机型号、登录ID 等大量信息提交给系统，系统通过对用户过往历史数据（如阅读内容、停留时长、分享评论等）的分析，推断出这名用户可能比较关注北京的高校，这时候它试探性地把北京信息科技大学网络与新媒体系相关的一篇内容推荐给这位用户，这位用户并没有明确想要

① 闫泽华：《内容算法》，中信出版社 2018 年版，第 13 页。

了解这些内容，但他还是有意识或者无意识地点击了进去，并从头到尾阅读了全部图片和文字，这样一种正向的反馈使得推荐系统强化了这位用户的"高校""大学"或者"北京信息科技大学"这样的标签，在以后的时间里，系统会持续地向他推荐类似的内容，久而久之，这位用户的推荐页面就与其他用户的推荐页面形成了"千人千面"的个性化信息获取界面。

"简单来说，好的搜索算法是需要让用户获取信息的效率更高、停留时间更短。但是推荐引擎恰恰相反，推荐算法和被推荐的内容（例如商品、新闻等）往往是紧密结合在一起的，用户获取推荐结果的过程可以是持续的、长期的，衡量推荐系统是否足够好，往往要依据是否能让用户停留更多的时间（例如多购买几样商品、多阅读几篇新闻等），对用户兴趣的挖掘越深入，越"懂"用户，那么推荐的成功率越高，用户也越乐意留在产品里。"① 当然，我们所说的"从人找信息到信息找人"的本质性转变，并不意味着我们不再需要目的明确的主动搜索行为，而是说在主动搜索之外还有大量的媒介信息消费行为，是通过个性化的推荐方式来满足那些目的并不明确的信息获取需求的，这些应用也在越来越多的传播场景下弥补了主动搜索本身的局限。尽管二者之间存在着很多的差异之处，但它们在本质上都是大数据技术和计算传播学的应用分支，而且实际应用中存在着大量相互叠加、相互补充的情况。比如百度搜索从近几年开始，除了向用户呈现标准化的搜索结果之外，也向用户呈现诸如"相关推荐""相关搜索词"等内容以提升内容的精准匹配程度。再如，微信朋友圈除了大力强化朋友圈的功能之外，也在它的朋友圈

---

① 徐宁：《推荐系统和搜索引擎的关系》，https：//36kr.com/p/5101647.html。

广告中运用了程序化广告的精准投放技术，并且上线了基于算法推荐的"看一看"功能。诸如天猫、京东、亚马逊等电商网站更是将搜索与推荐两种算法思维相互结合发挥到了极致。

事实上，无论是搜索引擎优化还是推荐引擎优化，其本质都是建立在大数据、算法和人工智能基础之上的信息的精准化传播和个性化匹配。而计算传播学作为一种全新的分支学科和交叉学科所要做的，就是努力去识别和解释对传播学带来深刻颠覆的这些技术性力量，对它们进行真实有力的把握和阐释，并把它们给传播学造成的影响上升为一种抽象的理论和宏观的框架。我们正在经历一场意义深远的传媒产业革命和传播学科革命，这场革命很大程度上是由数据科学、计算机科学和人工智能科学驱动的，它对经典传播学的理论框架提出了挑战，但更重要的在于它并不是要彻底推翻其基本假设和理论模型，而是要在既有的传播学生态中建立一个全新的分支学科，从这个角度来看，计算传播学的发展对于整个传播学生态的升级来说，是一次绝佳的机会。计算传播学作为一个分支学科，能否快速地发展并成熟起来，完全取决于我们能不能在充分吸收经典传播学理论精髓的基础上，更加充分地利用好全新的大数据和人工智能技术，用它们来拓展传播学的学术视野和研究方法，并避免过去研究中常犯的主观错误。当然，亟待解决的问题依然还很多，例如，我们怎么才能更好地将数据主义、计算主义、智能主义的思维运用到传播学的研究过程中去？为了使这些技术在传媒实践和传播研究中更好地发挥作用，传统的传媒组织和传播学院应该如何变革呢？在努力利用技术创造一种友好型的信息传播和用户体验环境时，还有哪些巨大的风险隐藏在其中？技术会为传播赋能，还是会对用户进行控制？计算传播学的理念和方法是不是实现信息与用户完美匹配的最优选择？在解决传播学、社会学乃至政治学领域很多棘手问题的事情上，计算传播的思维是带来了新的契机还是恶化了旧的困局？这些问题都促使着当前深处计算传播学领域的所有研究者进行更加深入、更加全面、更加客观的理论思考，将它们与过去的历史沿革和当前的传播现状紧密地联系在一起，并进行大胆的假设、严谨的探索和无畏的突破，从而更新和完善传播学的思想体系，甚至对很多已经过时的观点、方法和理论进行彻底的替换。

五、面向未来的计算传播学

随着信息技术和生物技术的快速发展，计算理论早已经从原来的数学领域逐渐应用到更广泛的自然科学和社会科学领域，这其中最主要的原因还在于计算理论以数理统计和量化分析为基本立足点，从而使得其实践行为和研究结果都具有了高度的精确性、客观性和中立性，这与社会科学一直孜孜以求的科学性和有效性目标高度一致。一直以来，传播学也同样在追求能够在最合适的时间地点、以最合适的媒介手段向最合适的目标人群传播最合适的内容信息，而如何更科学、更精准、更有效地实现这一理想，计算理论所涉及的算法、复杂性和可计算性等研究思路和具体方法无疑为我们提供了一条全新的路径。

计算传播学方兴未艾，它正在以全新的视角、先进的技术、交叉的方法对传播过程和传播研究进行着前所未有的重新解构和建构，其广度、深度和规模都得到了极大的拓展。但在这个过程中，计算传播学必然会继承既往的传播学研究传统的全部精髓和经验，并对已有的研究方法进行全新的补充、完善和扬弃，借此完成对传播过程中可计算要素的梳理和研究工作。

还需要关注的一点是，当前正在发生的这场巨变就是信息技术与生物技术相互交织相互协同的双重革命。信息技术革命使得我们正在把整个物理世界数字化和数据化，而生物技术革命使得我们正在把人体运行机制数字化和数据化，当新兴的数据科学和生物科学在不同领域相互交叉以后，就会产生不同的前沿分支学科。计算传播学就是双重革命背景下产生的这样一个传播学的分支领域，借助于大数据、智能算法、生物信息技术、深度学习等，我们可以跳脱出传统的视角，换一种计算主义的视角来看待整个传播过程以及用户对传播媒介、传播方式、传播内容等要素的生理反应和心理反应。

在计算传播学的范畴内，尽管信息技术和生物技术在研究传播过程的时候所侧重的焦点和领域完全不同，但它们共同的目标都是试图更好地、更完美地理解和解释传播行为。在此基础之上，计算传播学正在逐步地形成与传统传播学研究不同的一套全新的理论和方法论体系。这套体系将结合传播学的实际问题和学术精髓，同时借鉴、采纳并结合数据科学、智能科学、信息科学等领域的计算理论形成新的研究思路和研究方法，用来解决传播过程中存在的复杂性问题。事实上，传播学的研究从来都是紧紧围绕信息和生命这两个核心要素而展开的，只有理解了信息传播的过程我们才能够更有效地采集和传播信息，只有理解了生命尤其是人类的生理结构和心理结构我们才能够面向每个具有高度差异化的个体进行更精准的传播。计算传播学的巨大意义就在于它启发我们用计算主义的视角来重新思考生命与信息的交互过程，它把信息的传播和人类的生命都看作了一种形式，这种形式可以通过程序或算法表现出来，人类对信息的编码和解码过程就变成了我们所说的计算传播的过程，计算传播学的研究则是通过计算主义的研究方法揭示传播的本质的。

六、结语

信息技术和生物技术的不断突破有助于我们从不同的方面探讨传播的本质问题，而两个领域的研究跨界和方法交叉形成的计算传播学也已经充分地说明，数据、算法和计算等概念已经成为我们更好地理解传播本质的基础概念。一旦我们从计算主义的视角来审视个体和世界，就会发现无论是人的大脑、人的行为还是人与整个物理世界、虚拟世界的交往过程，都变成了一个庞大复杂的计算系统，人与人、人与信息之间的传播过程也不例外。更进一步地讲，传播过程这本大书是用数据语言和算法工具来书写的，它是一个巨大且复杂的计算系统。而在一个智能硬件、程序代码、媒体信息、用户数据等无处不在的社会状态下，越来越多的权力开始向计算能力和算法工具的拥有者转移。信息技术与生物技术的双重革命在很大程度上促进了这种转移，改变了传播过程中的权力关系和人类行为，这种变革对于社会科学乃至具体到传播学的学科发展起到了巨大的推进作用，为计算传播学的兴起和成长提供了现实的土壤和充分的条件。这也决定了计算传播学作为一门现代信息技术与生物技术双重革命和相互裹挟而形成的交叉学科的属性，以及它聚焦于传播行为和计算系统交叉融合所产生的各类问题。

第二章

计算传播学成为一种新范式

智能媒体需要强大的计算能力来分析并预测用户场景化的媒介需求，这将推动着媒介内容生产从即时响应向预测需求的进一步转变，进而激活用户的个人信息和内容消费市场。由于用户本身被深刻地洞察了，因此这样的媒介生产、集成、分发和消费必然是定向化、个性化和智能化的。计算能力的提升带来的智能传播意味着内容提供者将不再向用户推送一些他们不感兴趣的内容，而是努力实现场景、用户和内容三者之间的完美匹配。传播技术进化的这种新方向不但重构着媒介产业本身的竞争格局，而且催生了一门全新的交叉学科——计算传播学。

一、传播技术与范式变迁

每次技术革命所引发的范式转换都在很大程度上改变了人们的思维方式和行为方式，或曰世界观和方法论。这意味着旧有规则发生了变化，新范式对旧范式的很多内容进行了重新审视甚至推倒重构。

（一）传播技术在范式变迁中的基础作用

英国的演化经济学家卡萝塔·佩蕾丝认为包括基础设施、关键要素、技术集群、软件程序、思维方式、文化制度等在内的同类型"工具"共同改变了市场经济体系中所有行为主体最佳惯性方式的边界，沿着库恩提出的"范式"和多西提出的"技术范式"的理念和逻辑，她将这套同类型工具得以扩散的主要载体命名为"技术—经济范式"。"每次技术革命都提供了一套相互关联的、同类型的技术和组织原则，并在实际上促成了所有经济活动的潜在生产率的量子跃迁。每次技术革命都使得整个生产体系得以现代化和更新，从而每50年左右都使总的效率提高到一个新的高度……每一次技术革命都是新产品、新行业和新基础设施的爆炸性发展，它逐渐产生了新的技术—经济范式。"[①] 按照佩蕾丝的理解，每次技术革命都会作为核心驱动力量不可避免地引发一次范式变迁，而这将是一个持续约50年的升级过程，分为包含着不同阶段的导入期（爆发阶段和狂热阶段）和展开期（协同阶段和成熟阶段）两个时期，每次范式变迁的过程都会在经济领域和广大的社会领域引发深层次的结构变化。

值得强调的是，佩蕾丝非常敏锐地注意到了包括印刷术、广播、电话、计算机乃至手机等传播技术在技术革命以及由技术革命所引发的技术—经济范式变迁过程中所扮演的基础角色。她认为，这一过程从不起眼的事物开始，首先发生在有限的部门和地域，并取决于交通和通信基础设施的能力，它逐渐将核心国家的大量活动囊括其中，并扩散到越来越远的外围。进一步地，她将18世纪70年代至21世纪最初10年的这段历史划分为五次相继出现的技术革命：产业革命，蒸汽和铁路时代，钢铁、电力、重工业时代，石油、汽

---

① ［英］卡萝塔·佩蕾丝：《技术革命与金融资本》，田方萌译，中国人民大学出版社2007年版，第13~14页。

车和大规模生产的时代以及信息和远程通信的时代。每次技术革命都会产生一组协同作用、相互依赖的产业，以及一个或者更多的基础设施网络。与此同时，旧的组织模式无法应付或充分利用全新的技术集群和基础设施，这就使得经济主体的思维方式和行为方式发生了深刻的变迁，也就是技术—经济范式的变迁。

（二）物联网作为第三次工业革命的基础设施

美国著名经济思想家杰米里·里夫金同样发掘了库恩留下的"范式"遗产，库恩将范式描述为"信仰和认知的一组系统"。里夫金认为正是这组系统"建立了统一而协同的世界观，其威力在于它几乎囊括了一切现实。一旦范式成立，那么很难（甚至不可能）质疑它反映自然规律的核心假设。但这种从不质疑的接受和对其他观念的视而不见使矛盾的逻辑逐渐堆积到一个临界点，之后便是该范式的瓦解，取而代之的是一套能够解释不规则现象和新发展的综合性新范式"①。里夫金用范式转换的概念来对应佩蕾丝的范式变迁，我们不能推断里夫金是否受到了佩蕾丝的启示，但无论是偶然、巧合还是借鉴，里夫金同样对信息传播技术在范式转换过程中的基础作用产生了极大的兴趣，并且将其提升到了一个更加显眼的高度。他认为，每一种伟大的经济范式都要具备三个要素——通信媒介、能源、运输机制，每个要素都与其余要素互动，三者成为一个整体。如果没有通信，我们就无法管理经济活动；没有能源，我们就不能生成信息或传输动力；没有物流和运输，我们就不能在整个价值链中进行经济活动。总之，这三种操作系统共同构成了经济学家所说

---

① ［美］杰里米·里夫金：《零边际成本社会》，赛迪研究院专家组译，中信出版社
2014年版，第9页。

的通用技术平台。但与佩蕾丝不同的是，里夫金将上述那段历史时期划分为了三种不同的经济发展范式，蒸汽、印刷、电报、铁路系统、煤炭资源等共同推动了第一次工业革命的发生，集中供电、电话、广播、电视、廉价石油、公路系统、内燃机车等相互融合促成了第二次工业革命的发展。而当前，我们正在经历的则是第三次工业革命，它是由无处不在的通信互联网、可再生能源互联网、自动化的物流和交通互联网共同构成的一个分布式的神经网络驱动而不断发展的，这一超级网络就是正在快速形成中的物联网基础设施。

事实上，物联网的形成将是人类经济发展史上首次智能基础设施革命，在未来二十年将会有数以百万亿计的智能芯片和传感器以近乎为零的成本接入物联网中。加速变化的技术创新、急剧降低的经济成本、不断完善的移动通信和云端计算能力，以及全球核心国家政府部门的大力投入，都将这一全新的智能基础设施推向了变革时代的风口浪尖和全球经济的舞台中央。智能芯片、传感器、自动化、网络连接、大数据、算法、深度学习等智能技术以越来越低的成本嵌入我们日常生活中的更多物体中，使它们具备了某种程度上的信息交互功能与媒介传播属性。在未来，几乎我们能使用到的所有物品都将会连接到物联网中，这也就意味着通过物联网这样一个超级智能媒介，我们可以借助自己周围的任何一个智能媒体节点与接入其中的任何其他智能节点直接互动，而无须像过去那样通过层层的中间转达环节。这将会是历史上最波澜壮阔的一次技术革命所引发的范式转换。每次重大的范式转换都是核心技术集群和基础设施网络的变革，而使基础设施发生变革的则是新的媒介传播体系、能源动力体系和交通运输体系的融合进化。在这次范式转换过程中，三大基础网络的融合创造了一个前所未有的超级智能物联网，从而开启了一个全新的智能媒体传播时代。

（三）从口头语言传播范式到智能媒体传播范式

与佩蕾丝的技术—经济范式变迁或者里夫金的三次工业革命范式转换相似，媒介传播领域也同样因为传播技术的演进而正在发生着一场伟大的范式转换，这场转换就是从建立在印刷技术和广播技术基础上的大众传播范式向建立在互联网信息技术基础上的智能传播范式的变迁，互联网以及"互联网＋"激活更多要素之后形成的物联网恰恰正是新范式得以建立的基础设施。伴随着互联网技术革命而来的，不仅仅是传播模式和传媒产业的全面改造，更重要的还在于它深刻地影响了当前社会的流行文化乃至整个人类文明的进程。凯文·凯利注意到了传播范式转换所产生的巨大影响："在古代，文化都是围绕着言语的。大约500年前，科技推翻了言语，1440年古登堡发明了金属制成的活字，将写作提升到了文化的中心位置，新闻、科学、数学公式和法律法规无一不从印刷中诞生。美国的成功依赖于较高水平的识字率，依赖于强大的自由媒体，依赖于对（书面规定的）法律的忠诚，依赖于遍布全国的通用语言，我们变成了书籍之民。但今天，超过50亿张的数字屏幕在我们的生活中闪烁，我们现在成了屏幕之民。"①

针对从以口语中心向以文字中心的传播范式转换所造成的深刻影响，苏联心理学家亚历山大·罗曼诺维奇·鲁里亚20世纪30年代针对中亚地区的田野调查发现，不识字与哪怕识一点字的人之间存在着惊人的差异，这种差异并不在于人们掌握知识的多少，而在

---

① ［美］凯文·凯利：《必然》，周峰译，电子工业出版社2016年版，第91~93页。

于他们的思维方式。文字作为一种技术，与作为人类本身心智功能的语言之间存在着截然不同的传播效果，从文字开始，一个脱离了具体事物的由抽象传播主导的世界开始建构起来了。从文字印刷到广播电视的范式转换同样意义重大，加拿大著名的媒介理论家麦克卢汉极尽溢美之词地称颂了彼时正在兴起的新范式："听觉空间是有机的、综合的，通过所有感官的同步互动才能感受到；而'理性空间'或图文空间则是单一的、序列化的、连续的，它制造的是一个封闭世界，其中缺失了部落时代的回音世界里那种丰富的回声。"①

广播电视作为一种大众传播媒介，与同样作为大众传播媒介的书籍和报纸遵循了相似的线性化、单向化、中心化的传播逻辑，麦克卢汉预言的所谓"部落时代的回音世界"即用户高度参与、即时会话、充分互动的伊甸园，并没有在广播电视媒介所构建的"电子世界"成为现实。事实上，每出现一种新的媒介，都会对人类思维的性质加以改造。作为万事万物所存在的信息本质和不可再分的基本单位，数字化开启了一个建立在物联网基础设施之上的全新的智能传播范式，它所产生的深远影响，将不亚于文字技术对传播逻辑的改造。

二、技术革命背景下的智能媒体

之所以称之为智能传播范式，是因为我们正在通过物联网技术集群将所有原本没有生机的物体智能化和媒介化，一切被植入智能组件的普通事物都将具备某种信息传播的媒介属性，在这场全新的

---

① Marshall Mcluhan, "Media and Cultural Change", Playboy interview, March 1969, in Essential Mcluhan, 240。

技术革命驱动下，我们的传播模式和日常行为将被彻底地改变。很多时候，我们习惯于从既有传播范式的框架来看待并理解新的范式，好让它能够适应既有范式，但是这样做反而恰恰会让我们曲解新范式，甚至会迷失在新旧范式的交错纠葛之中。因此，为了避免路径依赖对我们的愚弄，我们应该跳脱出既有的大众传播范式来观察和研究正在发生的巨变。当然，新的范式并不会彻底抛弃旧范式的所有要素，而是会在很大程度上与旧范式的精髓发生融合，最典型的媒介融合进程即是例证，但是这种融合后的新范式已经迥异于旧范式了；在另外一个层面来看，新范式也极大程度地冲击甚至摧毁了旧范式，正如数字内容产业对音乐、出版、广播、广告等传统内容产业所造成的影响那样。总体来看，智能传播范式有以下几个主要表现。

（一）智能网络

严格地说，当前我们所处的互联网环境还算不上真正的智能网络，或者说它只是我们迈向智能网络万里长征的第一步。搜索引擎是当前互联网世界的重要入口，它从技术的角度定义了我们可以搜索到的一切超级链接。但事实上，数字世界的大部分内容和信息却无法通过当前的搜索引擎访问到，例如视频网站用户上传的一段视频，微信朋友圈中用户分享的一张图片等，当前的搜索引擎都无能为力。但未来，物联网将会把万事万物连接起来形成一个超级智能网络，这个网络不但会延伸到各个物理维度的人工设备或自然存在等实体当中去，它还会延伸进时空维度中连接过去与未来，也就是说，网络将无所不在、永远开启、随时待命。接入网络中的每一个节点或设备都变得更加复杂、更加智能、更加依赖网络中的其他节点以及整个网络，整个网络则更像一种有生命的生态系统，节点之间、节点与网络之间形成了互相依存、协同进化、快速迭代的共生关系，网络与节点随着时间不断地更新自己的程序、升级自身的功能。可以说，物联网总是处于永不停息的加速变化中，正是这种变化使得整个网络向着更高层次的智能迈进。之所以说网络是智能的，因为它在记录了用户所有日常数据和信息之后，总是试图预测用户接下来的意图或行为，并根据特定场景向用户推荐最完美的信息解决方案，可以说网络智能本身已经成为一种客观泛在的智能。而当前的互联网还只是即将到来的超级智能网络雏形的雏形、开端的开端，真正的智能网络正在酝酿之中，但网络世界遵循的是指数型加速进化的特征，因此，未来的智能网络距离当前的现实世界并不遥远。

（二）智能节点

把智能植入越来越多的普通事物中去将会使它们都成为超级智能网络的一个个节点，当几乎从前的所有普通事物都变成智能节点的时候，智能化将使它们变得更加新奇、不同和有趣，而我们的整个世界将被彻底颠覆，我们的日常生活将发生根本改变。智能节点与智能网络是密不可分的，真正的智能媒体不可能存在于一个个相互独立的节点设备中，而是诞生于智能网络这个由数以亿计甚至万亿计的智能节点相互连接而形成的超级组织之中。没有海量智能节点的连接也就不存在所谓的智能网络，没有接入智能网络的智能节点也将会由于无法快速聪明地学习而彻底丧失其存在的根本价值。智能媒体不同于以往出现的任何媒体类型，它的触角延伸到任何智能节点存在的每一个角落却没有固定的形态，它分布式地通过每个智能节点获取更高级的智能而同时也提升每个节点的智能水平，我们所接触到的所有智能设备只是微观层面上可以定义的智能媒体，或者说它们只是更宏大的超级智能媒体的冰山一角。

（三）智能分析

智能分析客观上要求我们掌握丰富的、多元的、海量的用户数据，智能媒体近些年来的迅猛发展在很大程度上也是由于大数据技术的实质性突破而带来的对用户洞察能力的提升，从而一步步地强化了媒体的学习能力和智能程度。例如，脸谱网利用当前互联网所产生的大数据并通过优化算法，能够使自身的系统在"看"过一个人的照片之后，快速从数十亿照片中准确地挑选出此人的照片，这种智能分析的能力已经远远超过了人类的数据处理能力。人类的头脑并不擅长做数据统计和分析等方面的超级复杂的工作，但是我们所创造的智能媒体能够通过不同的思考方式弥补人类在数据分析方面的弱势。当然，这并不意味着智能媒体的思维方式在数据分析的方方面面一定比人类大脑更快、更强、更深刻，而是意味着它能够分析人类无法分析的数据、思考人类无法思考的事情、完成人类无法完成的工作。传统媒体时代的决策和判断很多时候是基于主观价值，智能媒体时代将会越来越依靠客观和智能的数据分析来支撑我们的判断，与数据打交道将会成为传媒领域的一项新技能，数据分析将会植入任何一家媒体的生存与发展基因中去，从而改变媒介产业的思维方式和实践方法。

（四）智能产消

这场新范式革命的核心实际上是一种全新的互动方式和参与方式，这种互动方式不仅仅重塑了人与人之间的互动方式，而且创造了全新的人机互动、万物互联、机器协同的互动方式，并正在重塑着当前的社会文化。那些捍卫旧有范式的媒介专家曾经一度坚持认为受众只会被动地消费内容而不会主动地创造内容，美国传媒巨头ABC甚至将受众比喻为一群"坐在沙发上的马铃薯"。网络时代的用户们所创造出的内容景观却很好地回应了这种谬论，今天的用户们通过书写微博、分享图片、拍摄视频、分类信息、更新新闻、评论商品、管理社区等方式创造并生成了互联网上的绝大部分内容，而只有小部分内容是通过商业机构创造出来的。作为未来学家托夫勒所说的"产消者"的用户们所做的这些既是生产者也是消费者的事情是旧范式下只有报社、电台、电视台才能完成的工作。如今，这种对于内容创作与信息传播的原始冲动、创作激情以及网络责任已经扭转了传媒经济的发展方向，并且正在将社会化媒体中形成的开放创作和互动传播氛围稳步转化为整个智能媒体网络的主流价值理念。腾讯、谷歌、脸书以及越来越多的媒介机构和平台型企业都已经通过开放API的方式鼓励用户参与到内容或产品的研发、生产、传播或营销等环节了。这样，传统媒体之前自上而下的等级架构逐步向互联网乃至物联网时代的超级智能媒体的网络架构转变，同时，中心化的生产和消费机制也在向去中心化的网络机制过渡，这些已经成为媒介内容生产与消费方面最主要的演化进程。

三、计算能力成为核心竞争力

从根本上讲，智能媒体是在数据和算法的双重驱动下逐渐成为现实的，大数据已经成为智能媒体时代最基本的生产要素，而各种各样有助于深度学习的算法则是其核心驱动力和关键引擎。"新的工具赋予我们新的能力，继而又使我们能为彼此创造新的机会"①，事实上，正是全新的技术工具赋予了媒介产业前所未有的计算能力，才使我们能够挖掘出大数据所蕴含的价值和意义，从而更好地服务于媒介用户。

（一）算法推动媒介进化

智能媒体会随着人们的使用而不断优化算法、改进功能、提升智能，并且其进化速度将会十分惊人，而这种进化的本质归根结底是智能媒体的核心能力——计算能力的不断提升。随着近乎免费的、可靠的、无处不在的计算在整个智能网络和所有智能设备背后加速运行，智能媒体也将会以指数型的趋势提升自身的智能水平。例如，谷歌公司平均每天需要帮助来自世界各地的用户完成上百亿次的搜索和查询，每次的搜索计算都会帮助谷歌实现自我改进，深度强化的机器学习使得它在一次计算中习得的东西能够被很快地运用到下一次的搜索和计算中去，这种对算法的稳步改进将会使谷歌在未来的竞争中不断完善其智能媒体产品。再如，智能手机设备中一个不起眼的摄像头也包含着大量的计算功能，它通过算法优化、智能计算等方式就可以完成过去只有传统笨重的相机镜头才能拍摄出的光圈、聚焦、景深、虚化等效果，这意味着照片不再是被拍摄出来的，而是通过疯狂的视觉智能和算法识别被计算出来的。此外，智能算法更重要的特征还在于，当越多的人使用这些算法的时候，这些算法就会变得更加聪明；而当它们变得更加聪明的时候，将会有更多的人使用这些算法，这样就形成了计算能力不断提升的良性循环和

---

① ［美］克莱·舍基：《认知盈余》，胡泳、哈丽丝译，中国人民大学出版社 2012 年版，第 110 页。

自我强化。既然这些优秀的算法能够带来更好的问答、查询、拍摄，那么我们可以合理地推测，它也能够使得媒体的采访、写作、编辑、传输、营销、洞察、研发、排版、后期、动画、特效等更多的环节变得更加高效和优质。这样，算法将被应用到智能媒体领域的每一个环节和细节中去，计算能力成为智能媒体产业竞争的核心竞争力。

（二）计算重构产业竞争

事实上，计算能力已经正在并将继续深入地改变整个媒介产业的竞争格局。在超级智能媒体的生态中，一切与一切相互连接，这不但极大地拓展了媒介和媒介产业的内涵和外延，甚至将揭示越来越多事物的内在本质。以至于在未来可以预见的 10 年或者 20 年之内，某种具备强大计算能力的智能眼镜或者智能手表会在极短的瞬间呈现出我们所接触到的任何事物的本质信息，而且这种计算能力和智能互动将变得无处不在并成为我们身体的一部分，而不仅仅像麦克卢汉所认为的媒介只是人体的延伸。在某种程度上，今天的智能手机更像是与我们身体紧密相连的智能"机手"，我们一刻也不能离开它，它是我们放置在口袋里的拥有超级计算能力的微型电脑，借助它，任何人都可以释放出前所未有的传播影响力，甚至一群新闻爱好者完全有能力也有可能达到过去那种资深记者们的最高水平。这也就意味着，我们正处在自从现代媒介产业诞生以来的长达一百多年的去中心化进程的风口浪尖之上，非常便宜而且无处不在的计算技术和计算能力则是这一进程的关键引擎。传统意义上的媒介产业正在分崩离析并且边界已经消失，超级智能的泛媒介化景观已经初现轮廓，未来的传媒竞争将不再仅仅是媒介类型和媒介机构之间的初级竞争，例如报纸与报纸之间、电视台与电视台之间的竞争；

而是打破了所有竞争壁垒的超限竞争和跨界竞争，例如一个个网红的崛起可能会加快一大批报纸用户量的大跌，而某些已经积累了海量用户群或粉丝群的网络服务平台可能摇身一变成为媒介内容生产商，任何看似毫不相关的个体或者机构，都有可能在下一刻成为当前叱咤风云的传媒巨头最强有力的竞争对手。

四、计算传播学的价值

计算传播学是一门利用计算技术和计算能力来实现语境、内容和用户三者最佳匹配的全新的交叉学科，它可以将海量的数据转变为诠释行动的人工智能，让我们的媒介系统、供需和基础设施更高效、生产力更高、反应更快，它所引发的范式转换将不仅仅停留在媒介领域，而是会更广泛地影响到经济领域更深层次的资源配置效率问题。

（一）作为一种新范式的计算传播学

计算能力在重新定义媒介和媒介产业的同时，也在深刻地改变着传播学的版图，与大数据、云计算、物联网、智能终端等全新的软件和硬件打交道，是传播学研究者必须具备的一项新技能，也是对过去侧重于传播学的经典理论、传受双方、传播模型、策划创意等环节的研究者本身的一个全新拓展。超级智能媒体以及越来越多的智能工具会加快我们的模型思维速度并极大地改变我们的研究方法；极具智慧的数据记录、跟踪和分析手段会加快我们了解媒介产业和舆论动向的速度并改变我们了解这些事情的方式。科学缜密的研究方法是作为研究者认知、探讨和建构传播学本身的手段，但是在过去它通常是从研究者主观的、质化的视角出发的。

今天，当我们把一种全新的智能要素、客观视角和量化思维加入传播学的研究过程中去的时候，传播学正在以一种与之前截然不同的范式去认知、研究和发展。例如，数以十亿的网民每一秒都在释放出图书馆级别的文字量，一个用户一年中产出的文字量甚至比过去的许多专业作家或者高级记者都要多，如此庞大规模的信息和数据是我们无法用过去的传播学研究方法所能应对的，这种状况必然要求我们提升传播学研究过程中的计算能力。再如，苹果、三星和华为等手机厂商已经研究出能够跟踪我们眼球动作的手机屏幕，它不但能够预测我们的眼睛下一秒将会看向屏幕的哪个位置，而且能够知道我们在注意什么、眼睛已经停留了多长时间等状态，并根据读取到的我们的情绪实时做出反应，改变下一秒我们即将看到的内容，这也有赖于计算能力的极大提升。由于这种传播学新的研究思路与产业变革的方向保持着高度的一致，都是以计算能力作为其核心能力，因此，我们可以将这一全新的传播学研究方向或者分支称为"计算传播学"。

（二）计算传播学研究的核心命题

我们正在迈向一个泛媒介化的超级智能媒体时代，这意味着我们所要面对的媒体类型和媒体数量将会达到有史以来的空前顶点，媒体内容选项的规模将会膨胀到前所未有的天文数字级别，而且仍然在按照某种与摩尔定律类似的指数型曲线加速增长。但是传播学领域所涉及的用户注意力是固定的，在任何用户有限的数十年人生、短暂的每周七天、每天固定的二十四小时中，没有哪一位用户有足够的时间去消费这海量的媒介内容。换言之，我们面临的不是像古人那样的信息稀缺问题，而是丰裕所带来的信息过载问题。传播学研究的核心命题是如何将信息有效地传递给媒介受众，但是过去研究所涉及的传播效果测量的模糊性一直为学界和业界所诟病。作为传播学研究的一个分支方向，计算传播学所要解决的就是弥补传播学研究在量化方法上过去所存在的缺陷，并进一步将含混不清的有效传播向前推进为具化的精准传播，从而在智能传播时代实现用户、场景和内容之间的精准匹配。在这个过程中，计算能力成为传播学研究所必备的核心能力，而大数据、云计算、机器学习、人工智能等相关技术手段则是实现目的所必须掌握的研究工具。

对于用户而言，我们亟须一种对海量信息进行分类、筛选和过滤的方法；对于媒介而言，我们则亟须一种能够将内容产品在最合适的时间以最合适的方式呈现在最合适的用户终端上面的工具。过去，媒介机构自身以及媒介监管者充当了信息"把关人"的家长角色，为受众过滤掉了他们认为并不合适的信息。尽管这些方法和工具并未消失，但是在处理未来智能媒体时代急剧增长的信息产品时，这些方法显得捉襟见肘和力不从心，因此我们要研究出更有价值的信息传播和过滤方法。今天，我们"可以不再通过采样的方式就能够获得海量数据，并且通过较低的成本就能够利用优秀的算法对这些数据进行深度挖掘和处理，发现具体到每一位用户的消费需求和媒介使用习惯"[1]，从而帮助用户在特定时空中获得与他们的信息消费需求完全相匹配的媒介产品。这种研究恰恰正是落在计算传播学肩上的重要时代使命。

---

[1] 刘庆振：《计算广告学：大数据时代的广告传播变革》，《现代经济探讨》2016 年第 2 期，第 87~91 页。

（三）计算传播学的理论价值和应用价值

计算传播学作为一门全新的交叉学科，为传播学研究和实践带来了前所未有的机遇，使得过去研究领域和应用领域所面临的传播问题随着技术的发展迎刃而解。无处不在的信息追踪、信息交互和信息过滤意味着我们可以运用这些数据为用户提供量身定制的媒介内容产品，并将这些产品以个性化的方式呈献给精准用户。而计算传播学作为研究智能媒体时代传播规律的新兴学科，在理论层面和应用层面都有着巨大的价值。

首先，它将推动传播学研究范式的转换。传统的传播学领域在量化的研究工具和研究方法方面存在一定的技术和数据弱点，旧有的、相对稳定的学科范式无法提供解决智能媒体时代信息精准传播问题的合适方法，而这些恰恰是计算传播学的研究能够补足的。计算传播学是的新的学科范式的重要产物，它并不是要彻底否定旧有传播学研究范式在质化研究方面所积累的经验，而是将之前研究的精髓理念继承下来并与新范式下全新的量化手段、计算技术、数据能力相叠加，进而推动传播学走向一个新高度。

其次，它将为新环境下的媒介产业变革提供理论指导。全新的信息技术革命、如火如荼的"互联网＋"浪潮、持续展开的媒介融合进程以及初现雏形的物联网未来景观，都在一定程度上推动着媒介产业走向一场广泛而深刻的产业变革，媒介产业生态中的各方利益相关者需要学界为他们提供最客观的理论指导和意见结晶。计算传播学所研究的机器人新闻、程序化广告、数据化技术、智能化传播、精准化定向等核心问题恰恰是媒介产业未来发展的重要趋势，它的快速发展将会为产业实践带来最新的理论成果。

再次，它将立足未来为媒介产业培养优秀的复合型人才。由于过去的出版与广电、邮政与电信、计算机与 IT 技术等分属于不同的产业部门，高校的人才培养体系也随之按照新闻传播、影视艺术、编辑出版、通信技术、计算机等不同学科进行相应的人才培养。但是媒介融合时代的智能传播是多种媒介生产流程和传播要素的重组和整合，这就要求媒介人才从单一型的"一专"人才向复合型的"一专多能"人才转变，计算传播学由于自身的多学科交叉特点，能够立足传播学，并从计算机科学、数据科学、新闻学、传播学、广告学、社会学、人工智能、机器学习等多角度出发，培养更适合未来智能媒体时代的复合型传媒人才。

五、结语

计算传播学作为一门新兴的交叉学科，其根本目的不是要引导我们用量化替代质化，而是引导我们用全新的量化手段去替换甚至颠覆传统的量化手段，用云计算、机器学习、人工智能等大数据量化手段去代替传统大众传播时代的小数据量化手段，它所带来的是媒介产业演进过程中的量化革命，以及由这场量化革命所引发的媒介产业的思维调整和整体变迁。但它并不排斥质化研究，而是最大限度地将人类天赋、定性研究与机器计算、定量研究有机结合起来，这在以往缺乏大数据资源和海量信息处理技术的传播业务过程中几乎不可能实现。从本质上讲，技术基础的变革引发了传媒产业的演进，计算传播学的诞生是新旧技术经济范式转换的必然产物。计算技术和计算能力解决了一直以来困扰传播学研究和实践的诸如海量用户、海量数据、非结构性数据语义分析、实时计算、精准匹配的边际成本等关键问题，使得我们能够测量并分析一切数据，从而可以史无前例地更加透彻地了解媒介用户，为计算传播学的兴起奠定了坚实的技术基础，推动着传播学研究的焦点从过去粗放的大众传播理论研究向智能媒体时代的精准传播研究迈进。

第三章

智能媒体与产业重构

技术变迁是媒介产业不断进化的强大驱动力，当前新的技术集群正在将媒介产业引向一条加速变革的快车道，从而开启了一个全新的智能媒介传播范式。在这种变迁的暗流涌动之上，物联网、大数据、云计算、机器学习等技术元素对媒介产业的颠覆与重构催生了智能媒体时代的大量新产品、新模式和新业态。

一、智能媒体是媒介融合的必然产物

伴随着媒介传播技术及其相关联的媒介基础设施的嬗变，人类社会已经先后经历了口头传播范式、文字传播范式、印刷传播范式和广播传播范式等几个重要的媒介经济发展范式，当前的"互联网＋"浪潮则正在引领着我们进入一个全新的智能传播范式。"互联网＋"已经成为深化媒介融合发展趋势的核心驱动力，它的延伸就是把这个集成世界网络中所有人和物都连接起来的超级物联网，物联网正以其强大的生命力、渗透力和扩散力深刻地影响着媒介产业的生产方式、传播方式、消费方式、产品形态、商业模式和产业生态。它不仅打破和颠覆了传统媒体单向传播的线性思维，而且极大地扩展了互联网、移动互联网等新兴媒体的互动传播场景和领域，并最终推动着媒介融合的进程驶入了加速前进的快车道。

网络媒体的快速发展冲击了出版、广播、影视和娱乐等媒介产业的旧格局，因此，对媒介融合的早期探讨也主要停留在了这些传统媒体如何与新兴的互联网和移动互联网媒体实现融合发展这一焦点上。事实上，经过了二十余年的数字化、网络化和产业化进程之后，无论是传统媒体还是新兴媒体，其基础设备、关键技术、内容格式、组织流程和互动方式都已经基本实现了数字化和网络化的管理与运营。例如，用户可以通过电脑、手机或其他移动设备阅读《人民日报》《纽约时报》的新闻内容；中央电视台、湖南电视台、东方卫视等电视媒体也都在三网融合时代重点布局了 IPTV 互动电视、网络电视台或移动客户端；而互联网出身的乐视则构建了包括电视屏幕、电脑屏幕、电影屏幕、手机屏幕等在内的全屏生态圈。这也就意味着无论是传统媒体还是新兴媒体，在媒体形式和内容传播等方面都已经成为融合化的媒体，其技术特征集中表现为数字化和网络化，过去对于传统媒体与新兴媒体的界定标准已经丧失了其根本意义。

然而，媒介融合的进程并没有随着媒介产业内部各个分子系统的融合而结束，恰恰相反，所有媒体的数字化、网络化和融合化只是更深层次的媒介融合的开始，它标志着媒介融合进程发展到了一个更高级的阶段，那就是"互联网＋"和物联网技术体系驱动下的媒介跨界融合与媒介智能传播时代的来临。演化经济学的观点认为，经济发展史上的每一次重大变迁都是由于科学技术革命带来的包括信息传播技术在内的全新通用技术体系的变化所导致的，在此基础上发展出了技术经济范式转换理论。无独有偶，美国当代著名思想家杰米里·里夫金也提出了类似的观点，他认为每次工业革命都有与之相匹配的"通信/能源矩阵"，这一矩阵构成了经济发展的基础设施。"纵观历史，大规模经济转型都出现在人类发现新能源并建立新兴通信媒介之时。能源和通信媒体的融合建立了重组时空动态性的矩阵，从而使更多的人走到一起，在复杂的、互相关联的社会组织中凝聚在一起。附属的科技平台不但成为基础设施，也决定了组织运营经济的方式。"① 这意味着，媒介产业不仅仅是一个无差别的产业类别，更重要的它还是整个产业经济发展基础设施的重要组成部分，如果没有媒介传播，我们就无法有效地管理整个经济活动。

媒介融合进程的深化意味着信息传播功能以前所未有的深度和广度渗透到经济与社会肌体的每一个角落，从而形成泛媒介化或媒介泛在的趋势。"互联网＋"突破了媒介产业内部之间、媒介产业与其他产业之间的传统界限，从而加速了跨界融合创新的步伐，物联网创造了一个人人参与、万物互联的信息民主化生产与全球化流动的传播景观。这是一个点对点的、分布式的、不可分割的全球性神经网络，所有接入其中的组织、个人、实物、事件和流程都将成为信息的生产者、传播者和消费者，在本质上具备了媒介的基本属性和功能，从而成为某种形式的不同于传统媒介类型的自媒体。企业应用程序可以是某种媒介，微信订阅号可以是某种媒介，智能家用电器也可以是某种媒介，新的信息传播技术有机融合进新经济的通用技术与基础设施中，推动着技术经济范式的转换，也预示着媒介

---

① ［美］杰里米·里夫金：《零边际成本社会》，赛迪研究院专家组译，中信出版社2014年版，第22页。

权力从少数人向多数人的流动。

数以万亿计的网络节点所产生的规模巨大的数据在物联网中自由流动，客观上要求作为经济发展基础设施的物联网必须具备对这些信息和数据的强大计算能力和自动处理能力，这种能力是过去任何一家大众传媒组织或者任何一个政府部门所无法具备的，即便是诸如谷歌、脸书、腾讯或阿里巴巴这样的互联网巨头也难以具备。只有群体智能的协同才能创造这样的超级智能，它应该由智能的网络连接和智能的终端设备两大主体部分构成。在宏观层面，物联网本身就是一个庞大的超级智能网络媒体；而在微观层面，每一个被接入物联网的节点都成为被嵌入了感知和计算能力的智能媒体终端。在未来的 20 年内，将会有百万亿数量级别的物体作为智能媒体节点接入物联网系统，从而成为超级智能网络媒体的协同参与者。数字化和网络化是媒介融合的初级阶段，泛在化和智能化则是其高级阶段，计算机领域将这种新的媒介融合趋势称为物联网化。随着计算能力的指数型增强和计算成本的指数型下降，我们赋予日常生活中更多物体以智能媒体属性的动机将会变得越发诱人；而就在不久之前，这些物体既没有媒体属性也不具备智能能力。"随着这些事物越来越智能，越来越了解它们的用户，即使没有人工干预的存在，它们彼此间也会开始越来越频繁地互联互通……在不久的将来，大部分流量来自物，而不是人。"① 到那时，我们也将全面进入智能媒体传播的全新时代。

我们的媒体正在经历从传统媒体到数字媒体再到智能媒体的进

---

① ［美］克里斯托弗·苏达克：《数据新常态》，余莉译，浙江人民出版社 2015 年版，第 15 页。

化过程。信息革命的浪潮前赴后继，一波波的核心技术正在媒体领域乃至各个产业经济领域被广泛地安装和普遍地应用，Information Technology 的浪潮颠覆了媒体从业者对传统媒介信息的理解，Internet Technology 的浪潮颠覆了媒体从业者对传统媒介载体的理解，而如火如荼的 Intelligent Technology 浪潮则正在从根本上彻底颠覆媒体从业者的传统认知方式、思维方式和行为方式。在不间断的技术浪潮之下，今天的媒体与传统的媒体已经不是同一物种了，就好像新的智能手机与传统手机的区别那样，新的智能媒体与传统媒体之间的区别也是质的区别，而不仅仅只是量的差距。即便是那些今天依然被大众视为传统媒体的组织、机构或者媒介形式本身，在经历了 2000 年左右开启的数字化进程和 2010 年左右开启的一轮数据化进程之后，今天的它们也已经在很大程度上进化到了一个更高的阶段。当然，无论是对新媒体还是传统媒体而言，进化是永不止步的，除非技术停止了更新迭代。

每一波技术的加速进化都给全球的媒体产业带来了巨大的红利，从广播电视技术到互联网技术再到今天的物联网技术，从虚拟现实技术到人工智能技术再到个性化算法技术，越来越多的用户被连接并被赋能，越来越多的用户能够在任何时间、任何地点、任何场景下利用自己手中的智能硬件设备进行更加个性化和便捷化的内容生产和内容消费，从而带来了数据的爆炸式增长。对于依然处在不断进化中的智能媒体而言，传感设备、人工智能、人机互动等都只是它的形式，数据挖掘、深度学习和算法迭代才是它的本质和未来。至于互联网、移动互联网、车联网、物联网都只是整个网络社会进化的一个阶段或过程，而不是最终的形态或结果。同样的，数字媒体、智能媒体抑或未来一个新的时代的其他媒体形态也不是技术进化的终极目标，因此站在这个角度来看，所谓的传统媒体已经不再仅仅是指报纸、杂志、广播、电视四大媒体，门户网站、博客论坛乃至视频网站在今天的智能媒体面前也已经变得非常传统甚至保守。当然，传统媒体、数字媒体、智能媒体乃至超智能媒体会在一定程度上同时存在，但旧世界、旧媒介和旧思维再也不可能成为整个媒介生态中的主流或主导力量了，尽管我们依然会对传统媒体乃至数字媒体的思维方式和行为方式产生很强的路径依赖性。

　　信息技术、传播技术和媒介技术因为自身所特有的强烈的路径依赖性而把传媒从业者的思维和能力锁入现有的路径惯性之中，轻则丧失主动变革的动力，重则彻底被时代的大潮淘汰。对于处在向智能化迈进和转型的很多媒体类型尤其是有着较为悠久历史的四大传统媒体而言，恰恰是因为它的历史太久远、经验太丰富、光环太耀眼，从而使得它们的转型和进化过程面临着太多的难以割舍。诚然，传统媒体所积累起来的很多经验是宝贵且值得传承的，我们不能放弃这些财富，但我们也必须改造它们、扬弃它们、丰富并完善它们——用新的技术和新的思维。

　　大数据技术在本质上的突破性进展，人工智能技术在多领域中的广泛运用，机器学习技术在个性化算法方面的不断优化，使得当下的这场媒体生态变革不仅仅是一场信息的大爆炸、数据的大爆炸、知识的大爆炸、舆论的大爆炸或者内容的大爆炸，而是一场由技术本身驱动的媒体创新大爆炸、媒体产品大变种、媒体生态大重构、媒体产业大迁徙。从更深层次的意义上来说，我们正在进入一个媒体技术、媒体产品、媒体思维不断创新、不断重构和不断突变的媒介生态新周期，它的生存法则和死亡密码与原来的传统媒体完全不同，它的成长路径不是线性的而是非连续性的，它的发展不是点状的而是网状的。这让从业者和研究者感到一种莫名其妙的兴奋和发自心底的焦虑，因为我们从来没有过如此近距离面对未知世界的体验，这种体验既机遇无限又恐惧满怀。

数据显示，中国移动互联网活跃终端的数量已经突破10亿，到2025年中国还有望成为全球最大的5G市场，随着移动端成为用户接触互联网的最主要方式，人机互动、机器间传播以及更加智能化的媒体场景将会越来越多，建立在数据、算法、万物互联和深度学习逻辑之上的智能媒体生态的图景正在加速形成。

技术是什么？媒介是什么？信息是什么？体验是什么？智能是什么？它们是如何发生的，如何进化的，如何消失的？对于这些问题我们既熟悉又陌生，熟悉是因为我们每时每刻都在与它们打交道，它们就在我们身边，就在我们的生活中；陌生是因为我们不知道如何界定什么是智能媒体，不知道如何去阐释技术创新所带来的颠覆性影响，不知道如何去形成一整套关于信息、关于技术、关于媒体、关于智能的遗传与变异的进化理论。我们当然彻底清晰地知道这种进化已经造成旧范式无可挽回的崩塌了，但我们却不知道新的范式是否正在确凿无疑的确立过程中。因此，当前正在发生的智能媒体事实和在学术上正在探讨的计算传播学的分支是不是可以赋予这个时代的传媒产业实践和传播学术研究以一个全新的、有助于我们看清整个媒体生态的逻辑框架，尚有待时间的检验，但技术的灵魂通过人类发明家这一媒介完成了自身对社会的改造和构建确是无可争议的。

　　还有另外一个值得关注的现象就是本轮以人工智能为核心的信息技术革命是与生物技术革命相互叠加在一起进行的。尤瓦尔·赫拉利在其为人津津乐道的简史三部曲《今日简史》中有着非常明确的表述，他认为："信息技术和生物技术的双重革命不仅可能改变经济和社会，更可能改变人类的身体和思想。通过生物技术和信息技术的革命，我们将会有能力控制自己的内在世界，也能设计和制造生命。我们将能学会如何设计大脑、延长生命，也能选择消灭哪些想法，但没有人知道后果会如何。人类发明工具的时候很聪明，但使用工具的时候就没那么聪明了。"① 事实也的确如此，无论是人工智能还是生物技术革命，其本质都是人类对信息、对技术、对生命本身的观念革命，人工智能技术使得我们能够更好地改造我们的外部世界，而生物技术则使得我们能够更好地改造我们的大脑、心智乃至基因。二者叠加所形成的双重革命在媒体领域交汇则会更直接也更深刻地影响未来的智能媒体生态，使得信息的生产和传播会更加符合人类的生理和心理需求，也更加符合外部环境和场景变化。

　　今天，技术正在以一个全新的广度和深度为人类构建着智能媒体的生态圈，它使得信息和数据传输的密度更大，感知和认知的层次更深，连接和影响的范围更广，计算和融合的速度更快，互动和更新的频率更高。这一切都与能够连接万物、驱动万物、赋能万物、重构万物的智能技术密不可分。恰恰也正因此，智能媒体时代的时空转换和记忆停留才会变得更加快速和更加短暂，这就导致那些在主流化过程中的媒体思维和媒体产品在还没有完全形成一种僵化的路径依赖套路之前就发生了彻底的突变、升级或易种，而传媒产业

---

① ［以］尤瓦尔·赫拉利：《今日简史》，中信出版社 2018 年版。

本身的特性、形态和规律也变得完全不同于以往。可以说，今天的智能媒体时代，对于所有媒体从业者和研究者不一定是最好的时代，但一定是一个最新的时代，我们所有人都站在了一个时代与另一个时代、一个生态与另一个生态的分界线上。在这个分界线上，很多有形的衡量标准消失了，例如年龄、地域、财富或教育等，新的技术再次赋予了那些看似一无所有的创新者以更大的可能性，同时也有可能使那些抱持着旧思维和旧逻辑的人在一夜之间变得不知所措。回首 21 世纪媒介生态变迁史，先后经历了网络连接作为核心驱动力与数据赋能作为核心驱动力的两个不同阶段，如今智能算法正在接替数据赋能成为全新的媒介进化引擎，然而这并不像我们开车那样是一个简简单单的换挡动作，挡位切换造成的是线性加速，而引擎的切换造成的却是指数型的加速。

人工智能技术经过半个世纪多的不断演化积累，正处于质变井喷的前夜。无论是传统媒体还是数字媒体，如果不能紧紧地把握住这一轮技术变革潮流，就有可能遭受到新的媒体物种带来的降维打击威胁。几乎所有的媒体及其从业者都意识到了这个问题，人工智能技术正在与媒体生产传播的各个环节发生越来越多并且越来越强烈的化学反应，这种影响将在未来很短的一段时间内向着前所未有的广度和深度延伸，从而对媒体内容的生产消费逻辑和技术框架造成根本的颠覆，进一步导致整个传媒产业和生态的重新洗牌。

当然在我们从传统媒体时代向数字媒体时代过渡的过程中，最大的难题并不是来自技术或者发明技术的人本身，而是来自广泛使用技术的组织尤其是组织中的人。相比起技术的快速变革，人类自身的思维和能力的变革实际上要缓慢得多。德勤咨询《2018 企业中的人工智能调查报告》明确指出，（人工智能技术应用方面的）先行者需要合适的人才组合——而不仅仅是技术技能——来加速他们的进步。他们缺乏人工智能研究人员和程序员，也需要能够选择最佳应用案例的商业领袖。这一观点同样适用于那些在传媒产业变革中走在前列的先行者。当前的很多媒体机构尤其是传统媒体组织内部，在转型过程中的最大短板除了体制本身之外，就是人才。媒体走向算法时代和智能时代是不可避免的，但绝大多数公司都难以组建一支非常优秀的算法团队，对于媒体行业也会面临此类问题。在传媒领域，最稀缺的人才就是那些既懂人工智能技术又懂媒体内容产品的复合型人才。然而这种人才往往是可遇而不可求的，并不是传媒组织机构通过人才招聘或者内部培养就能够获得的。任何一家媒体组织在迎接和拥抱智能媒体大变革的同时，必须能够处理好增量价值与存量问题之间的关系。什么样的转型战略和落地策略能够在增量与存量之间、人工智能和人类智慧之间实现一种最优化的组合，并不会有一个放之四海而皆准的通用版解决方案。在媒体的创意、创造和创新方面，在很大程度上人工智能技术依然需要人类智慧来进行点睛式的参与、非理性的表达或个性化的判断。

二、智能媒体的基本特征

当我们试图理解智能媒体时代的时候，我们倾向于从传统大众传播的框架中来观察智能传播，从而让它能够适应我们既有的理解能力。要想真正感知到正在发生的变化，必须深刻理解智能媒体传播范式所赖以建立的技术基础，正是这些技术将智能媒体与传统媒体区别开来。

（一）作为基础设施的物联网

不同的社会发展阶段在不同的基础设施之上建立起了不同的传播范式，物联网是正在加速到来的智能传播范式的基础设施。通信互联网、能源互联网和物流互联网作为三大关键部分共同构成了物联网的主体，为在一个高度互联的、跨越时空界限的全球化超级智能网络中将所有人和物集合起来提供了认知神经系统和基础物理手段。在这样一个智能媒体的世界里，信息、创意和内容等媒介产品所需的新的生产力和生产效率就恰恰蕴藏在这个开放式、分布式、协同化与互联化的物联网基础设置中。每一个被物联网所连接的物体都将具备智能媒体的属性，小到一块手表大到一台汽车，越来越多的物体都将被嵌入一定程度的媒体智能。一旦接入物联网，它们就会开始实时地自我监控并全面地记录、分析和洞察我们的生活，在需要引起注意的时候它们还会主动与我们进行交流。例如，无论是电视机、洗衣机还是电冰箱、试衣镜，都会按照我们的媒介接触习惯和内容偏好程度进行初始的程序设置，并且在社交工具（如微信）中关注我们或成为我们的好友，一旦我们所追的美剧或韩剧有了更新，它们会根据我们所处的特定场景将这一内容推送到最合适的智能设备上。物联网中所有智能媒体节点生成的关于用户的数据将会成为网络中最主要的数据流，它们创造了内容生产者与用户之间新的价值链，而这将会比任何一个智能设备本身更有价值。这样，智能硬件设备将会逐渐趋于免费，人人都可以低成本地获得多样化智能设备而成为物联网世界的一个智能节点。而这些设备之间的连接与互动将会切切实实地创造一种新的智能，它不仅仅能纠正某种错误，而且甚至能在根本上阻止错误的发生。

　　事实上，智能媒体的概念并不是最近几年才被提出来的，之前有很多关于"智慧媒体""智媒体"等提法，但是无论哪种提法，都是在最近几年随着大数据技术、物联网技术和人工智能技术等关键技术的快速发展而逐渐落地应用并转变为一种被普遍关注的媒体现象的。其中，尤其值得关注的是物联网作为智能媒体时代的基础设施，它是智能媒体得以有效运行的重要载体，它扩大了"媒体""传播"等概念的外延，并在获取海量数据的同时辅以智能算法和深度学习的手段，使得今天的媒体内容生产、信息分发和人机互动变得越来越个性化、智能化和场景化。

　　过去的物联网行业标准不统一，无论在传感器层面，还是在通信技术层面，各种各样的标准各自为政互不兼容，这就会导致采集到的数据格式千差万别、各个标准之间互不兼容，从而无法使信息高效、快速、顺畅地完成它的传播流程。2016 年窄带物联网核心协议标准正式通过，它极大地满足了低功耗广域物联网对于技术和标准的需求。这也就意味着，NB－IoT（Narrow Band Internet of Things）比起原来的全球移动通信系统将能够覆盖更广泛的连接和传输领域，原本很多有信号死角的地方也都可以实现有效的连接，比如地下停车场、海底隧道、城市管道、山区野外等，而且每个 NB－IoT 站点可以连接的终端设备数量高达 4500 亿之多，这样我们就可以把日常生活、工作、学习、娱乐过程中大量的事务接入物联网，从而获得与之相关的海量数据，并借助于人工智能和机器学习等手段对这些数据进行挖掘和分析，从而更加智能化地管理与之相关的信息生产和信息传播过程。数据显示，"人均联网设备的数量从 2003 年的 0.08 台增长到 2010 年的 1.84 台，随后又增长到 2015 年的 3.47 台，而到 2020 年这一数字将增长到 6.58 台。"① 按照这样的增长速度，用不了多久，我们身边凡是能够被联网的设备终端就都会被接入物联网。事实上，这也就意味着未来的传播已经不仅仅限于人际传播、大众传播、互联网传播等少数领域，它还将扩展到人与物之间的传播、人与机器之间的传播、机器与机器之间的传播等方面。正是因为传播的泛化，使得人类自身根本无暇处理大量与信息传播相关的事务，此时的智能媒体和智能传播才会显得越发迫切。近几年物联网技术的突飞猛进也使得更广义的连接和更广泛的传播成为现实，在信息传播方面能耗和成本的降低也使得以用户为中心的大量其他事物更快、更多、更常态化地实现连接和通信。而接入物联网的终端越多，其产生的数据量就会越大，借此所"驯化"的媒体传播方式就会越智能化。

而伴随着 5G 时代的加速来临，更广泛的连接和更短的延时使得我们将会越来越有可能在较短的时间内形成真正的物联网社会。5G 网络能够在一平方公里的范围之内支持一百万个传感器的连接，而原来的 4G 网络是无法做到这一点的。交通、医疗、农业、城市管理等多个领域都可以借助物联网技术采集、存储、挖掘和分析更有价值的数据，并针对不同的行业、不同的场景、不同的应用和不同的用户进行更加个性化和智能化的信息定制和信息分发。此时的任何一个行业都具有了智能化的信息传播特质，这也就意味着未来的智能媒体是一种泛在的存在，而不再只局限于传统的媒体产业这样一个小的范围之内。当一切终端都被植入媒体的属性之后，当一切产

_____

① [意]卢西亚诺·弗洛里迪：《第四次革命》，王文革译，浙江人民出版社 2016 年版，第 13 页。

业都越来越像媒体产业之后，当一切出发点都是建立在数据的基础上之后，当一切行为都与信息传播行为产生关联之后，我们便站在了一个全新的范式乃至全新的时代的分水岭之上。

这是一个意义重大的历史时刻，它给我们以重新思考和审视媒体传播的契机，它使我们深刻地意识到，正是因为连接技术与通信技术、互联网技术与物联网技术、人工智能技术与机器学习技术的快速发展，我们才得以利用一种全新的手段和全新的思维来看待媒体、看待信息、看待传播，甚至，它正在改造我们的三观，改造我们的生存方式、生产方式和生活方式。我们将开启一种全新的智能时代：海量的传感器被接入物联网，海量的信息被采集、存储和挖掘，智能算法为海量的用户量身定制个性化的信息生产和消费解决方案，千人千面的信息定制、内容推荐和个性化服务成为可能。如果没有物联网技术作为基础设施，我们就不能更加精准地确定某一位具体用户所处的时空、场景、状态和情绪，无法确定这些便无法进一步向他推荐更符合他彼时彼地的个性化信息。大量的用户并没有彻底调整好他们的状态以拥抱这个全新的时代，而是仍然在用大众传播时代的传统视角来审视、探讨甚至做出判断和决策，尽管他们越来越依赖于连接和通信，但他们并没有把大数据、物联网、人工智能等技术看作自身生存和发展、社会运行和创新的基础性资源。然而我们要提醒的是，未来的智能媒体时代，信息的生产、传播和互动，不再像大众传播时代那样仅仅是与技术相关，而是将会变得彻底依赖于技术的进化和迭代。在未来，越来越多的人将有机会以更低的成本获得更广泛的网络连接、更强大的计算能力、更个性化的智能算法和更定制化的信息服务。

（二）构成生产要素的大数据

在整个世界被物联网化的过程中，网络连接和智能节点所产生的数据量也开始呈指数级增长。"数据已经存在于全球经济中的每一个部门，就如固定资产和人力资本等生产要素一样，如果没有它许多现代经济活动根本不会发生……土地、人力、技术、资本这些传统的生产要素，甚至需要追随数据资产重新进行优化配置，数据资产成为最重要的生产要素。"① 数据大爆发中蕴含着媒介产业的新机遇以及我们对传播业务、媒体用户进行深入、全面、立体了解的能力，这种对先进数据技术的掌握和运用能力是智能媒体时代的产业竞争必须具备的技术基础与核心能力。简单来说，大数据技术主要是指对已经拥有或掌握的庞大的数据信息进行深度挖掘分析和专业综合处理的技术。这是一个利用统计建模、模式识别、算法优化、机器学习、人工智能等技术，从大量含有噪声的实际数据中提取其中隐含的、不为人知的有效信息的过程，其流程包括了"商业理解—数据准备—数据理解—模型建立—模型评估—模型应用"等几个基本步骤。对于传媒产业而言，大数据分析与应用的主要目标是通过分析用户习惯和兴趣偏好，来找到新的突破口，使媒介内容的生产过程更加智能化、更加符合用户需求。而在此之前，媒介产业从未曾实现过将结构化和非结构化的数据结合起来用以指导内容生产，而在智能媒体时代，几乎所有媒介内容的生产、传播、营销和集成决策都需要依靠数据分析，特别是在海量智能设备接入物联网之后导致媒介用户数据的量、质和种类都在持续增长的情况下，数据已经成为智能媒体时代最重要的生产要素。

___

① 赵国栋等：《大数据时代的历史机遇》，清华大学出版社 2013 年版，第 7 页。

（三）优化资源匹配的移动计算

移动计算是随着智能终端、移动互联网、即时通信、大数据、分布式计算等技术而快速崛起的一种计算技术，其核心价值在于向分布在不同位置的移动智能媒体用户（如物联网中的智能手机、智能汽车、智能手表等设备的用户）提供安全、快速、有效、优质的信息获取、查询、存储和计算服务。美国计算机科学家艾伦·凯进一步延伸了麦克卢汉"媒介即讯息"的观点而预见性地认为："计算将成为一种通用的、包罗万象的媒介，可以容纳语音、音乐、文字、视频和通信。"① 事实上，媒体用户在不同的时间和空间下所处的位置和状态构成了不同的场景，而不同的场景又决定了媒体用户对不同媒介信息和内容的不同兴趣。用户每一秒都会处于不同的场景中，这也使得他们的信息需求与内容渴望会随着不同的场景而发生"秒变"，从而开拓出一个虽然有着时空限定却是无比广阔的智能媒体新市场。它要求我们对处于移动状态中的用户进行实时的、动态的、具有预测性的数据分析和计算，只有这样才能将最符合用户需求的媒介内容和信息服务个性化地匹配给精准用户。例如，滴滴打车可以借助移动计算将最符合用户需求的出租车、顺风车、快车或专车匹配给他们，不但满足了用户的出行需求，而且极大地激活并优化配置了闲置的社会资源，在一定程度上推动着智能交通的发展。同样的道理，智能媒体时代也需要强大的移动计算能力来分析并预测用户场景化的媒介需求，这将推动智能媒体产业从即时响应向预测需求的更进一步转变，进而激活用户的个人信息和内容消费

---

① ［美］约翰·马尔科夫：《与机器人共舞》，郭雪译，浙江人民出版社 2015 年版，第 198 页。

市场。由于用户本身被深刻地洞察了，因此这样的媒介生产、集成、分发和消费必然是定向化、个性化和智能化的。移动计算带来的智能传播意味着内容提供者将不再向用户推送一些他们不感兴趣的内容，他们将利用所知的用户数据同时为媒介自身和媒介用户提供智能化的信息服务。

（四）加速智能进化的机器学习

无论是我们已经看到的互联网世界，还是正在成型过程中的物联网基础设施，抑或是那些被广泛连接的智能媒体设备，都处于一场无尽的技术升级竞赛中，而且快速迭代的周期正在不断加速，智能媒体的整个生态系统亦是如此。尽管我们对最新的 iPhone 智能手机已经非常满意，但是真正主导二十年之后我们生活的智能媒体技术集群和产业生态都尚未发明或起步。智能媒体传播范式是媒介融合的高级阶段，但是我们现在所处的时代仅仅是智能媒体传播范式的萌芽阶段，当前的智能媒体生态会在永不停歇的进化中被更新的智能生态所取代，而加速这种进化的除了技术本身的进化之外，最关键的就是处于智能网络中的智能媒体自身的学习能力。真正的智能媒体一定不会是某种完全独立的硬件设备（如未经联网的手机、平板或机器人），它泛在于整个由百万亿智能媒体节点组成的超级物联网之中，它是灵活的、嵌入式的、分布式的、没有固定形态而又无处不在的，任何与这一超级智能媒体的连接都是对其智能的分享与贡献，而脱离了这一网络的独立的智能媒体设备或节点则无法获得快速而聪明的协同学习和能力升级。智能媒体的生态系统会随着人们日益增多的使用而不断自我进化到更加智能的状态，它会将这次在媒介产品运营中学习到的经验运用到下一次的操作中，并随着数据的激增和算法的改进而持续进步。如今，脸谱网的智能算法已经能够识别用户所上传照片中的好友，亚马逊的个性化内容推荐系统也能够向上亿的访客精准化地推荐其感兴趣的书籍或者商品，"谷歌正利用搜索改善它的人工智能，而不是用人工智能强化它的搜索能力，每当你输入一个查询词，点击一个搜索引擎生成的链接或是在网上创建一个链接，你都是在训练谷歌的人工智能。"① 越多的人和物被接入并使用智能媒体生态系统，它就会变得越智能，这将会激励着更多的智能设备成为其中的网络节点，从而形成智能媒体生态进化的正向反馈和良性循环。

三、智能媒体重构媒介产业

媒介融合的最终目的不是传统媒体与新兴媒体的融合，而是人与媒介的完美融合。如果在传统的大众传播时代，媒介还只不过是人体的延伸，那么在网络连接技术、云端计算技术、人工智能技术以及生物信息技术等融合创新的当前及未来，媒介将不仅仅是延伸，它有可能就是人体的重要组成部分，"我们与不断发明中的智能技术融为一体，基于加速回报定律，在未来的三十年间，这些技术的功能会比现在强大十亿倍。"② 在这个过程中，媒介领域很多原来清晰可见的边界逐渐变得模糊不清甚至消失。

（一）泛媒介化

智能媒体传播范式的基础设施——"物联网"这一专业术语早

---

① ［美］凯文·凯利：《必然》，周峰等译，电子工业出版社2016年版，第37页。
② ［美］雷·库兹韦尔：《人工智能的未来》，盛杨艳译，浙江人民出版社2016年版，第273页。

在 1995 年就已经被提出，但其引起广泛关注也只不过是近几年的事情。主要原因在于二十年之前嵌入各种连接节点设备的智能芯片和传感器价格相对昂贵，但近几年随着技术成本遵循着摩尔定律呈指数曲线而快速下降，物联网的形成也具备了现实的技术基础和经济基础。智能芯片、传感器、自动化、网络连接、大数据、算法、深度学习等智能技术以越来越低的成本嵌入我们日常生活中的更多物体中，使它们具备了某种程度上的信息交互功能与媒介传播属性。在未来十年内，平均每个人将有 1000 件以上的私人物品以近乎为零的成本连接到物联网中，这也就意味着通过物联网这样一个超级智能媒介，我们可以借助周围的任何一个智能媒体节点与接入其中的任何其他智能节点直接互动，而无须像过去那样通过层层的中间传达环节。本质上讲，这是一个去中介化的伟大进程，站在另外一个角度看，去中介化的实现恰恰是因为泛中介化现象的发展。过去，只有报纸、杂志、广播、电视、电报、有线电话等传统的媒介具有较为强大的信息传播功能，但是现在越来越多的设备具备了比这些传统媒介更强大的信息功能，一切都可以成为某种传播更便捷的媒介物。

因此，物联网作为超级智能媒体所带来的去中介化趋势与泛媒介化趋势共同构成了一个硬币的正反两面。当越来越多的物体被嵌入智能功能从而具备了媒介属性的时候，也就意味着我们正在重新定义什么是媒介。在已经过去的几十年里，互联网的快速发展一次次地冲击着传统媒介所独有的传播功能和能力，使得我们不断地改变和调整对于媒介的传统观点和既有认识。我们喜欢将那些并不熟悉的、不同于以往的媒介形式称为新媒体，当技术创新发明了更多种类可以接入物联网的智能设备之后，新媒体越来越多，泛媒介化现象会让我们在"媒介是什么"这一问题上做出更大的让步。事实上，自从互联网发明以来，传统媒体就陷入了一场旷日持久的身份危机，这种困惑与迷茫在泛媒介化的今天需要传统媒体找到一种清醒的重新定位。

（二）注意力的丰裕与稀缺

与泛媒介化现象伴随而来的还有无处不在的媒介内容生产能力和消费需求，这也同样与上述包括物联网、大数据、云计算、人工智能等在内的大量技术创新密切相关。这些技术的广泛应用以及机器人劳动力成本的急剧降低正在将数以亿计的人类劳动——不仅仅是体力劳动，还包括大部分枯燥、重复、程序化的脑力劳动，从农业、制造业、服务业、娱乐业等几乎每一个领域中解放出来。在智能公路上，无人驾驶的汽车正在替代人工驾驶；在超市购物时，自动结账终端可以通过扫描用户手机上的二维码快速完成支付；在国际交流场合，智能语音软件正在取代人工翻译；在传媒产业中，机器生成的新闻也已经受到了越来越多的关注。在这个超级智能的物联网世界里，我们被泛媒介化的智能设备所包围，而对智能设备的管理也逐渐取代了对人力资源的管理，人类以及人类的注意力从过去各种繁杂的劳动中被解放了出来。媒介产业是典型的注意力经济，用户对媒介产品的消费同时也就意味着媒介产品对用户注意力的收集与消耗，当越来越多的注意力从劳动中被解放出来之后，这些注意力将寻找新的依托从而转向了对媒介内容的消费。无处不在的智能媒体节点则起到了收集用户碎片化注意力的作用，在客厅、在卧室、在户外、在楼宇、在汽车火车上、在办公出差时，智能手机已经不再仅仅是我们身体的延伸，更像身体的一个必不可少的部分，而我们的眼睛则时刻在寻找着超级智能媒体系统所传播的最新信息，注意力对媒介内容的消费需求从早晨睁开眼一直持续到夜晚闭上眼，而在过去，我们只有在忙完了一天的工作之后才有时间读读报纸、看看电视。

在这样一个超级智能的泛媒介化世界中，人们更愿意把自己看作其中的参与者而并不甘心只是作为内容产品的消费者，于是在从过去无休止的枯燥劳动中解放出来之后，人们利用简便易得的智能设备开始了其创意、创作、创造和创新的活动。自发性的媒介内容生产同样是用户注意力转移的重要方向，对他们而言，这是生活兴趣而非劳动责任，这是才华展现而非技能应用，这是协同分享而非单调工作。从这个角度看，人工智能嵌入物联网世界带来的除了泛媒介化现象之外，更重要的还在于它释放出的人类注意力促进了泛媒介化的内容生产与消费的极大繁荣。相对于这种内容生产与消费的无限性而言，单个用户每天 24 小时的注意力资源即便被全部解放出来，都仍然显得十分稀缺，超级智能媒体生态将在这种注意力的整体丰裕与相对稀缺的关系中不断进化。

（三）内容产消者

用户开始从媒介内容的消费者变成产消者，我们既生产各种形式的媒介内容以供他人消费，同时我们也消费那些其他用户生产出来的媒介内容，通常情况下，这种生产和消费的经济成本几乎接近于零。内容生产已经从过去集中化的、专业化的、组织化的生产模式向分散化的、随意化的、个人化的用户生成内容（UGC）模式转变。尽管由电视台、报社、杂志社这样的媒介企业生产的专业内容并不会消失，但从长远来看，用户生成内容的比重、质量和口碑在近十年来呈现出了不断增长的趋势。

今天，我们已经习以为常的很大一部分免费内容，都是用户作为产消者的身份而不是专业的媒介机构创造出来的，比如，互联网上有超过60万亿张网页，淘宝网上有50亿条有关产品的用户评论，维基百科的2500万注册用户、13万活跃用户在十年时间内创造了500万个词条，YouTube声称每月有10亿活跃用户，他们每一分钟都会上传300小时长度的视频内容，以这些用户为主力制作的视频正在与传统的电视巨头争夺用户注意力……数十亿的内容产消者正在大规模地生产并消费着原来只有出版社、报社、电视台才能生产的媒介产品和媒介内容，他们每一秒钟都在释放出图书馆级别的内容产量。事实上，一位在线用户一年内生产的文字、图片和视频甚至会比过去的许多作家、图片记者或者电视台生产的内容还要多。这种对于参与感的强烈需求已经改变了媒介产业的存在方式，并成为智能媒体时代媒介生产和消费方式的重要转折点，它的进一步发展甚至将会改变21世纪的媒介文化乃至人类文明的发展进程。这是一个媒介内容产消者的黄金时代，无论生产和消费都可以通过随手可得的接入物联网的任何设备而完成，这些设备本身就是融合化、社交化和智能化的，产消者不需要具备太多的特殊技能就可以生产、上传或下载、消费一本书、一首歌、一段视频、一部电影。

可以说，社会化的智能媒体时代是一种全新的协同共享时代，数十亿产消者每天通过自己的智能设备花费大量的注意力为脸谱网、优酷网、微信免费创造海量内容的同时，也免费获取对这些内容的消费权利，他们报道并关注着身边的逸闻与趣事、总结并编辑着百科中的知识与经验、创作并评论着社交网络中的图片与视频。这种历史上最大规模的内容产消景观不是任何一家传统媒体组织所能够塑造出来的，它存在于由几亿、十几亿、几十亿产消者相互关联、自由交往、即时互动的社交网络之中，并将会在万物互联、超级智能的物联网时代创造出更多的新产品、新模式和新业态。

（四）智能媒体新业态

智能传播是一种全新的职业技能，也是对媒介边界以及媒介产业边界的一种全新的拓展，智能的嵌入改变了媒介的生存方式：物联网启动了大规模协同分享的群体智慧对媒介景观的改造进程，海量且即时的大数据改变了我们了解媒介用户的速度和方式，廉价高效的移动计算帮助我们更好地捕捉到了场景化创意的灵光乍现与场景化需求的瞬息万变，人工智能的深度学习则使得智能设备在某些方面不但比我们做得更快更好而且能思考并完成那些人类无法做到的事情。在智能媒体时代，媒介产业从业者当前所从事的百分之八十以上的工作内容都将被智能设备所取代，从最外围报刊书籍的印刷到最核心新闻内容的采编，从最枯燥的内容排版到最有趣的广告创意，传播的基础设施在智能化，媒介设备在智能化，媒介产业的作业流程、所有环节乃至所有细节都在变得越来越智能化。更优秀的算法及由算法而强化的深度学习能力，使得智能设备及与之相匹配的智能程序不但能够完成任何与大量文字写作和编辑相关的机器新闻业务，而且还能更加轻松快捷地处理原来需要人眼识别的图片内容。例如，一家名为 Pixazaa 的图片匹配广告服务商可以迅速识别图片中的衣物、鞋帽、首饰等商品并向用户提供关于该商品的详细信息；脸谱网的智能算法能让机器在看过一个人的照片后就能从网上 30 亿人的照片中迅速无误地识别此人；谷歌的智能算法则能够为任意一张给定的图片写下相应的文字说明以正确地描述图片中发生的事情。

物联网、大数据、智能算法、深度学习等相互关联的智能技术已经为智能媒介传播范式的开启做足了基础设施、生产要素、引擎驱动和发展动力等多方面的准备，它们与媒介产业中任何一个板块、一种要素、一个环节的创新组合都将引发一场化学反应，并催生出一种截然不同于以往的智能媒体新业态。唱片公司利用大数据和算法优化开发的智能软件来识别并预测潜在的热门歌手和歌曲；影视公司利用类似的智能程序分析其剧本是否可以拍摄成高口碑高收益的作品，美国一家媒体机构甚至完全撇开职业撰稿人而利用智能算法创作出了包含海量信息的闲谈式体育评论原创帖；广告营销公司开发出了基于人工智能的计算广告交易系统，不但能够将精准广告匹配给特定场景下的媒介用户，甚至还能够预测出用户即将出现的下一个场景及需求从而将营销信息推送给他；此外，伴随着精准化媒介信息和内容的超载现象而来的解决方案是，越来越智能的媒介设备将会掌握用户的喜好和兴趣，并据此帮助用户选择接受或拒绝相应的媒介内容和信息服务。这一切都在不断地发生着颠覆性的变革，智能媒体正在并将继续刷新媒介产业的传播景观。

四、结语

将智能植入包括媒介产业在内的越来越多领域的现有流程和进程中的应用实践已经将这些产业的效率提高到了一个全新的水平，并且还在以一个比当前更快的加速度改变着它们。一方面，这个智能化产业巨变把越来越多的劳动力从形形色色的工作岗位上解放了出来，使他们拥有更多的注意力去生产和消费越来越多的媒介内容。另一方面，媒介产业自身的智能化革命也在将原本需要人工从事的大量程序化的生产劳动转交给智能设备来完成，例如机器新闻和计算广告等业务。智能媒体生态还将以更加惊人的速度持续进化，当前我们所从事的大部分媒介业务在未来都将可能由智能设备完成，按照这样的逻辑发展下去，人类是不是无须再从事媒介生产、只须负责媒介消费就可以呢？

本质上讲，人工智能并不是人类智慧，二者的思维方式和工作方式存在着根本性的差异，虽然在很多方面智能设备能够比人类工作得更快、更强大、更完美，并将被驯化得更加聪明以便在越来越多的领域接管人类的工作。但是客观而言，尽管人工智能能够帮助我们去完成那些我们并不擅长的工作，例如，人类思维的统计建模和数据分析能力在智能设备面前完全可以用相形见绌来形容，没有人工智能我们也无法生产出高度精密的现代设备；但是，认为人工智能有朝一日可以进化为人类智慧的想法在逻辑上却是彻底行不通的。对于新的信息服务和内容消费的内心需求将会驱动着人类智慧在文化创意、舆论引导、价值创造、社交管理等方面发明更多新的机器暂时无法胜任的工作，我们还将不断发明更多元、更有趣、更适合人来发挥才华的媒介工作类型，并把已经枯燥厌倦的原有工作交给那些注意力集中、不会厌倦、没有故障、无须休息的智能设备。"当机器人变得足够复杂的时候，它们既不是人类的仆人，也不是人类的主人，而是人类的伙伴。"① 因此，智能媒体时代并不是一场人工和智能之间此消彼长的博弈竞争，而是一场人工与智能相互促进的协同进化，智能媒体不但将人类带入一种新的媒介传播范式，也从根本上提高了人类的内容生产与消费能力，延伸了人类的创新与创意价值。

---

① ［美］约翰·马尔科夫：《与机器人共舞》，郭雪译，浙江人民出版社 2015 年版，第 208 页。

第四章

计算传播学与大众传播的解构与重构

进入 21 世纪第二个十年之后，计算传播学因其全新的概念、假设、思维和方法而在传播学理论界和产业界引发了广泛的关注，并在本轮信息技术革命的催化之下逐渐形成了一种新的传播学研究范式。它冲击着既有的传播学研究版图、消解着现存的传播学话语体系、完善着传播学的理论框架、重构着传播学的世界观和方法论。本文以拉斯韦尔的 5W 传播模式为切入点，重点分析计算传播学这一新范式对经典大众传播研究的领域、焦点、思路和方法的继承与重塑，并提出范式转换下的计算传播学理论拓展的核心议题。

一、大众传播模式 vs 计算传播逻辑

"在传播研究引进中国的过程中，拉斯韦尔的《社会传播的结构与功能》向来被认为是一篇重要的启蒙文本……中国的传播学教科书里不但重点介绍这篇文章中提到的传播的'5W'模式和大众传播的社会功能，甚至大部分教材的框架还以'传者—媒介—内容—受

众—效果'这五个部分为结构。"① 这篇论文一问世就受到了广泛的关注和普遍的赞誉，学术界甚至毫不吝惜溢美之词地将之奉为传播学的独立宣言。这篇论文开篇第一句话所涵盖的5W传播模式深刻地影响了传播学研究的关键问题与核心价值。这一句话是："谁？说了些什么？通过什么渠道？对谁说？有什么效果？"（Who？Says What？In Which Channel？To Whom？With What Effect？）后来的研究者将之总结为5W传播结构并在此基础之上引申出了直到今天依然占据传播学研究领域的五大经典议题，即控制分析、内容分析、媒介分析、受众分析和效果分析。

与5W传播结构密切相关的，这篇经典文献还提出了传播三功能学说，用拉斯韦尔本人的原话来说就是："我们感兴趣的不是切分传播行为，而是将其视为与整个社会过程相关的一个整体。任何过程都可以用两个参考框架即结构与功能来考察。我们的传播分析涉及具体功能，能清楚辨析者有三：（1）守望环境；（2）协调社会各部分以回应环境；（3）使社会遗产代代相传。"② 尽管国内外传播学界关于三功能的提法还存在大量的探讨与争论，但任何对传播功能的研究都无法绕开拉斯韦尔及其这篇论文。"功能决定结构，这个逻辑是标准的结构功能主义，因此，在传播学上，将结构功能主义引入传播学并奠定传播研究基石的人确实非拉斯韦尔莫属，有学者甚至认为拉斯韦尔是传播学主流学派唯一的创始人。"③ 这篇论文发表

---

① 刘海龙：《一篇存在争议的传播学奠基文献》，《国际新闻界》2009年第2期，第9~14页。

② ［美］哈罗德·拉斯韦尔：《社会传播的结构与功能》，何道宽译，中国传媒大学出版社2015年版，第37页。

③ 胡翼青：《超越功能主义意识形态：再论传播社会功能研究》，《现代传播》2012年第7期，第8~12页。

以来，无论是 5W 还是三功能，都深刻地影响并塑造了全球范围内的传播学研究范畴，并且随着时代的变化和科技的迭代历久弥新。

经典的学术理论就是这样，不但能够经受住时间的洗礼和众人的批判，而且能够在不同的时空与场景下不断地解构与重构自身。在算法、大数据、人工智能等核心技术驱动社会变革的当下，经典传播学的研究也在通过计算主义的思维和工具不断地完善着自身的学科体系和理论框架，并逐渐形成了计算传播学的研究新范式。新思维、新逻辑、新工具、新范式对包括拉斯韦尔 5W 模式在内的传播学经典的理论产生了怎样的影响？它是彻底摒弃了传统的研究框架，还是在新的技术视野中改造着过去的传播流程或重建着传播学的巴别塔呢？

从国内对于计算传播学进行研究的现存文献来看，研究者们主要是从计算传播学作为计算社会科学的一个分支学科这一视角为切入点来展开相应观点探讨和方法建构的。计算社会科学是信息技术和社会科学相互作用、相互结合所产生的一门新兴学科，"它所侧重的研究对象是比较复杂的社会现象和群体现象，更加注重的研究方法是依托于计算机技术的'社会计算'，其研究工具更为主要的是获取大数据的计算机及大数据网络。"[①] 计算传播依赖于先进的计算机技术、传感器技术、大数据技术、物联网技术、人工智能技术、深度学习技术等本轮技术革命浪潮中已经或者正在取得突破性进展的技术集群，综合运用强大的计算能力和高效的算法模型，对各大传播要素和各个传播环节中所涉及的信息生产、内容分发、广告投放、

---

① 詹国辉、熊菲、栗俊杰：《面向大数据的计算社会科学：一种诠释社会现象的新范式》，《科学技术哲学研究》2018 年第 3 期，第 100～104 页。

用户分析、效果监测、舆论管理等方面进行了全新的解构与重构。今天的计算传播学在基础设施以及建立在这些基础设施之上的传播观和方法论等方面与过去的大众传播学存在着本质的差异。

　　计算传播学研究和实践能够发生并快速发展的关键基础在于互联网以及因为互联网的普及所带来的爆炸式增长的大数据，"与数据打交道将会成为传媒领域的一项新技能，数据分析将会植入任何一家媒体的生存与发展基因中去，从而改变媒介产业的思维方式和实践方法。"[①] 可以说，大数据已经成为计算传播学这门分支学科的根基所在，对于方兴未艾的计算传播学而言，数据是水、是空气、是土壤、是生产要素、是基础设施。"与传统社会科学通过问卷调查形式获得的数据不同，我们可以借助种种新技术获得长时间的、连续的、大量人群的各种行为和互动的数据。这些数据为我们研究动态的人际交流、大型社会网络的演化等方面的问题提供了坚实的基础。"[②] 正是因为传播学能够运用全新的技术、全新的思维、全新的方法对海量的用户行为数据进行低成本、高效率的采集、处理、挖掘和应用，我们才得以有机会将数据主义和计算主义的思维嫁接到传播学的研究中来，升级传播学的认知层次和理论框架从而形成新的传播观和方法论，或曰传播学研究和实践的新范式。

　　新范式的出现为传播学领域通过数据主义和计算主义思维与方法来解构和重构传播研究的研究者和实践者们展开更加具体、深入和完善的探索，提供了未来较长一段时期内相对比较统一和稳定的

[①]　刘庆振：《计算传播学：智能媒体视阈下传播学研究的新范式》，《教育传媒研究》2018年第6期，第21～25页。

[②]　David Lazer, Alex Pentland, Lada Adamic, et al. Computational Social Science. Science. 06 Feb 2009；Vol. 323, Issue 5915, pp. 721 – 723。

理论框架或逻辑规则。其传播观和方法论的核心思路是，在社会传播从同质化的大众传播模式向异质化的智能传播模式转向的变革时代，用数据主义和计算主义的研究方法"弥补传播学研究在量化方法上过去所存在的缺陷，并进一步将含糊不清的有效传播向前推进为具化的精准传播，从而在智能传播时代实现用户、场景和内容之间的精准匹配。"① 作为当前传播学理论研究和实践应用的最新进展，计算传播学所开启的新范式无疑有助于帮助我们厘清并诠释当下纷繁复杂的传播现象及其内在机理。事实上，在已然开启的智能媒体时代，计算传播学对经典传播模式的认知方式和实践方法都进行了大胆而有益的突破和创新，通过对传统模式的解构与重构提升了我们理解和诠释传播事件、传播现象、传播问题和传播原理的广度与深度。

二、控制分析：从意见领袖到众声喧哗

"研究'谁'的学者查看传播者启动并指引传播行为的因素，我们将这个研究领域的子项目称为控制分析。"② 也就是说控制分析的研究对象主要是传播者及其对传播行为的影响。在过去，大众媒介自身所特有的精英化倾向和稀缺性资源等属性，使得传播的话语权集中在少数的意见领袖手中，"（施拉姆）第一次提出了两级传播的假设：'概念往往先从无线电广播和报刊流向舆论界的领导人，然后再从这些流向人口中不那么活跃的部分。'简言之，舆论传播先影

---

① 刘庆振：《计算传播学：智能媒体视阈下传播学研究的新范式》，《教育传媒研究》2018 年第 6 期，第 21～25 页。

② ［美］哈罗德·拉斯韦尔：《社会传播的结构与功能》，何道宽译，中国传媒大学出版社 2015 年版，第 35～36 页。

响意见领袖（亦称舆论领袖），再通过意见领袖影响其他人。"① 事实上，在大众传播过程中，非数字化和非普及化的媒介形式使得信息在触及受众之后很难再形成大规模的多次转发、评论和再生产、再加工，因此信息的接收者便被动地沦为"沉默的大多数"，意见领袖得以因此对沉默的大多数产生影响。正因为这种清晰、单向和简洁的传播结构，使得彼时的控制分析能够非常快捷地找到作为意见领袖的传播者并对他们施加影响，进而改变传播者的传播动机、心理、行为和影响。

近 20 年来，数字化媒体的快速发展逐渐地消解了传统大众媒体时代的意见领袖所特有的权威地位，这一状况与它对信息接收者的大范围赋权所造成的"传受合一"现象互为因果。博客网站、视频网站、即时通信工具、社交媒体网络、自媒体内容平台等数字媒体形式的不断演化和迭代，使得过去被动接收信息的大众媒体受众，摇身一变成了能够即时接收信息、评论信息、加工信息、生产信息和传播信息的用户。"以自媒体性质的微媒介为主要网络入口的微传播便体现了这种传受身份明晰界限的消解。每一位进入微传播中的网民都能在开放的信息平台建立个人空间，成为信息的主宰，根据自己的判断和需求'筛选'关注的焦点，创作独立的文本，既能发布信息，又能接收信息。"② 双向互动的网络传播结构在冲蚀着单向被动的大众传播结构的同时，二者之间还发生着更微观层面的融合与重构，传统媒体的意见领袖仍然在起作用，数字媒体的时空中也

---

① 赵利：《运用传播理论，提高宣传效果——对重视"意见领袖"在传播中作用的思考》，《广西大学学报（哲学社会科学版）》2008 年第 5 期，第 128～130 页。

② 蒋琳：《从拉斯韦尔的 5W 模式看微传播的发展特征》，《编辑学刊》2017 年第 3 期，第 112～116 页。

不断涌现着新的关键意见领袖（Key Opinion Leader，KOL）阶层，他们以科技大咖、微博大V、自媒体大神、网红主播的身份活跃在不同的数字媒体平台和各色的线上线下活动之中。更关键的还在于，他们来自用户、跻身于用户，同时也回归于用户、作用于用户，他们就是广大用户群体中不可被割裂的有机成员之一，他们在影响着用户的同时也被用户影响着。

而事实上，数字媒体所特有的这种参与性、网络化和扁平式特征，使得每一位用户都有机会在特定的场景和周期中成为意见领袖。作为网络结构中的一个节点，任何人的任何言论都有"从蝴蝶的翅膀"演变为"沿海的飓风"的可能性，哪怕只是短时间爆发出某种巨大的影响力。就像已故的艺术大师安迪·沃霍尔著名的"15分钟定律"所预言的那样：每个人都能在15分钟内出名；每个人都能出名15分钟。"信息正以光速传播，'名流'在一夕之间便能被制造出来，即便他们很可能来得快，去得也快。"① 事实上，正是这种对于网络社会中关键意见领袖所可能造成的影响力的迷恋甚至狂热，驱动着越来越多的用户不再满足于单纯的信息获取，而开始热衷于个性化的话语表达。越来越多的受众变成了用户，越来越多的用户想成为意见领袖，这种用户对传播话语权的广泛竞争已经彻底解构了大众传播时代的意见领袖们所拥有的超乎寻常的影响力。

众声喧哗意味着媒介空间中的信息源和传播者数量变得越来越多，意味着信息接收者所面对的数据规模越来越庞大，同时意味着用户与用户之间相互作用形成的传播关系和传播结构越来越复杂。

① ［美］迈克尔·弗洛克：《出位：十五分钟成名定律》，周佳琳译，南方出版社2014年版，第2页。

这种情况下的控制分析，就与过去大众媒体时代的基本逻辑产生了差异，"一个非常重要的问题是如何重构出信息传播的路径，即给定一个有向网络，能否通过多次信息流传播的观测将社会网络的拓扑结构给推测出来。其相关的核心思想是：已知用户之间的网络结构，根据节点之间的关系推测信息传播的可能性"。[1] 但单纯依靠过去的简单方法根本无法做到"已知用户之间的网络结构"，更遑论对当前的传播现象和传播问题进行有效的控制分析，因为在意见领袖和意见结晶遍地都是的信息洪流之中，任何人都已经无法分清谁是最初的信息源、谁是活跃的关键节点、谁是影响巨大的转发者、谁是信息的二次加工者、谁是被蛊惑的受骗者，没有化腐朽为神奇、点数据为金玉的"八卦炉"便练就不出驱散重重迷雾、穿透嘈嘈噪声的"火眼金睛"。"社会现象卷入了海量的异质性的个体的相互互动，以至于变得非常复杂。

幸运的是网络科学的研究开启了一个新的研究方向，但是网络科学需要大量的实证数据，而基于互联网的传播恰好提供了两种新的研究方式，一种是各种各样的'数字足迹'，另外一个是互联网实验。"[2] 在理论上，或者在进行互联网实验的前提下，我们的控制分析过程是完全可以借助传统的统计量化方式，根据用户的数字足迹（如阅读、评论、转发等情况），抽象出某一条具体信息在特定时间周期内的传播路径和传播结构模型的，这个模型向我们展示了信息传播的起点、传播的层级、路径的长度、分享的广度等。但现实的

---

[1] 张伦、王成军、许小可：《计算传播学导论》，北京师范大学出版社 2018 年版，第 93 页。

[2] 王成军：《计算传播学的起源、概念和应用》，《编辑学刊》2016 年第 3 期，第 59～64 页。

情况是用户行为具有多变性、传播环境具有复杂性、信息规模具有海量性，这就导致传统研究方式根本无法应对瞬息万变的网络传播现实，这种挑战对于传统的大众传播学而言是技术性的，没有相应的技术手段、分析方法和专业人才去落实这种理论上的可行性。

在这一点上，大数据思维和技术的发展使得我们对数字化的传播路径研究有了一个强有力的抓手，尤其是数据可视化技术的运用，为我们研究信息传播过程中产生的大规模数据提供了简便但可行的具体工具。如数据可视化工具，"它主要用于类似微博数据流这样的大规模非数值型数据，将源数据转化为简洁易懂，符合人们认知习惯的视觉图像信息。既为研究者解决了数据量大所带来的研究难度，又免去了许多社会科学背景知识的学习。"① 这时候，尽管众声喧哗，我们依然能够运用数据主义和计算主义的工具，以最直观的方式在最短的时间内找到发声者、附和者、追随者、反对者以及搅局者等传播过程的关键意见领袖，从而展开相应的控制分析和影响施加。

三、内容分析：从专业主义到用户思维

内容分析聚焦于信息传播的主要对象身上，研究应该说什么、正在说什么、说了些什么等问题，也就是 Says What 的问题。从报纸杂志到广播电视，尽管承载信息的媒介形式发生了重要的变化，但是内容生产的决策权始终保持着精英化的状态，传统四类大众媒体的内容几乎都是由记者、编辑、文案、创意、策划、摄影、摄像、

---

① 陆斌斌：《社交网络中话题传播结构的可视化研究与实现》，《现代计算机》2017 年第 3 期（上），第 58～60，65 页。

演员、制片、导演、后期等多工种的专业人士完成的，这些人中的大部分都受过良好的高等教育或专业的技术教育。与真正消费媒体内容的大众相比起来，他们所生产的内容是从专业主义和精英主义视角出发的。

　　事实上，这种视角在国内外的大众传播领域随处可见，整个传播过程中所涉及的内容部分，几乎都是由专业人士和精英阶层为广泛的受众群体过滤和筛选他们所能看到的信息，并在编辑或剪辑人员的精心修改之下，编码成了报纸上的一块块图文信息、广播中的一段段语音信息以及电视里的一集集影像信息。在这个过程中，专业人士充当了非常关键的"把关人"角色，之所以如此是由于两方面的原因：一方面，传统大众媒体本身的物理属性决定了印刷在纸张上的文字或者广播出去的信号本身无法进行修改或者撤回，这就要求我们必须最大限度地提升信息本身的质量和准确性；另一方面，大众媒体的覆盖范围广泛但其受众的认知能力和水平有限，不良的内容会造成非常恶劣的社会影响。例如，庞巴维克就曾说过，对于普通大众来说，"审慎的深思熟虑当然不是他们关心的对象，也不可能是他们的关心对象；他们只是简单地遵照自己的愿望和喜好。"①再如，马克·吐温也曾说："一般人缺乏独立思考的能力，不喜欢通过学习和自信来建构自己的观点，然而却迫不及待地想知道自己的邻居在想什么，接着盲目从众。"②

　　在这样的环境下，对传播模式中的内容进行分析是容易操作的，

---

① 转引自〔美〕布赖恩·卡普兰：《理性选民的神话：为何民主制度选择不良政策》，刘艳红译，上海人民出版社 2010 年版，第 144 页。

② 转引自〔美〕马克·布坎南：《隐藏的逻辑：乌合之众背后的模式研究》，李晰皆译，天津教育出版社 2010 年版，第 102 页。

它只需要站在创造这些内容的专业人士的立场上看内容是否符合社会的主流价值、符合精英阶层的审美趣味、符合对广泛大众进行宣传教育的实际需求即可，这种内容分析的出发点是传者本位的，受众本身的真实需求虽然也被考虑过，但实际上他们是被经常忽略的，尤其是在新闻这种信息产品上，专业主义的思想更是根深蒂固，"在如何处理公众参与新闻活动之时，我宁可选择他们作为一种参与者而不是主导者的角度，因为专业性的新闻工作肯定不是那些没有经过任何的专业训练的普通公众可以胜任的。"①

随着基于互联网、移动互联网等各类数字媒体类型不断涌现，大众媒体时代的稀缺寓言逐渐被打破，"人们拥有了对信息超出预期的访问能力，对许多人来说，互联网正在成为万能媒体，它是流进人们眼睛和耳朵并进入他们头脑中的大部分信息的管道，这种新类型的信息流带来了一种新的被称为流数据的数据类型。"② 更重要的问题还在于，管道中的信息流、数据流和内容流正在从稀缺变为饱和，从饱和变为超载。尤其是在专业主义视角之外，那些对用户心理有着敏锐洞察和对用户痛点有着精准把握的通俗内容层出不穷，这给了用户以更多自由选择内容的空间和权利。伴随着市场权力的天平从内容稀缺的生产本位主义过渡到用户注意力稀缺的消费本位主义，无论是方兴未艾的数字媒体还是被不断唱衰的大众媒体都开始越来越多地把用户对内容的消费需求作为内容供给的决定因素。

消费主义是把个人的自我满足和快乐放到第一位的消费思潮或

① 吴飞、唐娟：《新媒体时代的新闻专业主义：挑战、坚守与重构》，《新闻界》2018年第8期，第18~29页。
② ［美］马克·布尔金：《信息论：本质 多样性 统一》，王恒君、嵇立安、王宏勇译，知识产权出版社2015年版，第18页。

风气，该思潮促使人们不断追求新的消费品，以满足自己的精神快乐。这种现象在今天的内容消费领域也同样愈演愈烈，用户不再沉重地把内容视为一种寓教于乐、修身养性、提升能力、陶冶情操的高雅产品，相反，他们更倾向于看重内容产品的娱乐功能、休闲功能、社交功能，大多数人只是希望通过内容产品满足找乐、猎奇、消遣、宣泄等个人化的情感或精神需求。尽管这种用户至上的内容消费主义盛行的确造成了一些明显的问题，但如何在伦理和法律层面解决这些问题不是本文探讨的议题，此处关注的重点在于如何面向海量用户的个性化需求实现定制化的内容生产和分发。

计算传播学对面向消费者的内容生产提供的解决方案摒弃了大众媒体所采用的定性研究方法和经验主义决策机制，而是更多地依靠来自全网的量化数据来提供生产决策的客观依据。"通过大数据精准记录下人们收视的时间、内容和媒介，可以追踪到每位受众的收视动机、需求和时机。借助这些数据资料的掌握和分析，可以勾勒出完整的受众收视图谱，呈现受众的显性需求和隐性需求，无疑为媒体内容的创新提供了新的参考。"[1] 这种以用户思维和数据主义为导向的内容生产意味着传播学研究方法和实践方式的某种转向，这种转向是根本性的，它更强调数据对于信息生产和消费所带来的颠覆性变革意义。在对用户注意力竞争的过程中，如果我们不能对内容产品的各项指标进行量化，那就无法更好地改进它，只有那些可以被数据化的内容产品才可能被更好地分析和改进。在数据辅助内容创作方面，BuzzFeed 是一家非常典型的公司，它拥有遍布全球的

---

① 石长顺、栾颖：《大数据时代的媒体内容生产创新：基于耗散结构理论》，《现代传播》2017 年第 4 期，第 71～74 页。

新闻团队、技术精湛的视频内容工作室、尖端的数据运算中心和脑洞大开的广告创意机构,它创作的内容每个月有超过 50 亿次的全网阅读量,但它却不认为自己是一家媒体公司。"'数据驱动的内容创作'是 BuzzFeed 给自己贴上的标签。在这家公司的内容创作和分发过程中,反馈闭环(Feedback Loop)是出现频次最高的术语:将市场环境和读者反馈数据尽可能地量化和结构化,以及时反馈给运营人员、内容编辑,从而构成一个辅助创作的闭环。"①

四、媒介分析:从渠道稀缺到万物皆媒

媒介分析在过去重点研究的是报纸、杂志、广播、电视等传统大众媒体渠道对信息传播、内容生产和受众消费的重要影响。这些媒介渠道最重要的特征就是中心性、单向性和稀缺性,因此它所塑造的媒介生产和消费形态也相应地具有生产的专业化、接收的被动性和消费内容的不够丰富等特点。对于报纸和杂志这样的平面媒体来说,它的版面在理论上可以无限制地增加,但现实的情况是在版面达到一个临界值之后它每增加一个版面其边际效益便开始递减,因此用户能看到的报纸有 16 版、48 版、64 版,但几乎很少看到 256 版或者 512 版,杂志亦然。而且,尽管报纸在大中型城市曾经经历了风光无限的一段历史时期,但即便如此,其用户规模依然因为识字率和教育水平等原因而受到了较大的限制。这也在很大程度上意味着相对于巨大的人口基数而言,与广播电视媒体相比,平面媒体的影响并没有宣称的或想象的那样广泛。直到目前,电视媒体依然

---

① 闫泽华:《内容算法:把内容变成价值的效率系统》,中信出版社 2018 年版,第 144 页。

是所有媒体类型中覆盖范围最广的媒体，它妇孺皆知、老少咸宜，但它的频道数量也是有限的，每个频道的时段也是有限的，以频道最多的中央电视台为例，如果其下属的 18 个频道①24 小时不间断地播放电视节目，每天能够播放的节目时长也就是 432 小时。更何况，无论是报纸杂志还是广播电视，其内容生产和分发都是面向不特定的大众群体展开的，尽管它们在努力地尝试通过设置民生、体育、娱乐等专版或者开辟少儿、电影、新闻等频道的方式向不同的用户群体提供不同的媒体内容，但版面或时段的稀缺性使得传统大众媒体并不能在本质上真正满足每一位受众的异质化内容需求。建立在此种逻辑基础之上的媒介分析则较为简单粗暴地把焦点转向了平面媒体的发行量或者广电媒体的收视率/收听率，因为这个数字背后关联着的是现实的企业广告费用投放额度，也就是媒体的广告费收入，它占据了传统媒体整体收入的 70% 甚至更高。而为了提高发行量或者收视率等数字，大众媒体不断地通过提升内容质量、丰富产品类型、改革版面/节目编排等方法与竞争对手在媒体市场上角逐用户的注意力。更有甚者，各大卫视收视率数据造假已经成为行业内心照不宣的潜规则，这在一定程度上反映了传统大众媒体在全新的媒介环境下所面临的真实困境。

数字化、数据化以及智能化进程已经彻底改变了 20 世纪建立起来的大众传播格局，今天的媒介渠道是丰裕的、多层次的、全方位

---

① 18 个频道是指：CCTV - 1：综合频道；CCTV - 2：经济频道；CCTV - 3：综艺频道；CCTV - 4：中文国际频道；CCTV - 5：体育频道；CCTV - 6：电影频道；CCTV - 7：少儿·军事·农业频道；CCTV - 8：电视剧频道；CCTV - 9：英语国际频道；CCTV - 10：科教频道；CCTV - 11：戏曲频道；CCTV - 12：社会与法频道；CCTV - 新闻：新闻频道；CCTV - 少儿：少儿频道；CCTV - 音乐：音乐频道；CCTV - E：西班牙语频道；CCTV - F：法语频道；CCTV - H：高清频道。

的、立体式的、无处不在的。可以无限链接下去的互联网网页、能够安装成百上千移动应用的智能手机、触角延伸到每个楼宇的数字屏幕、被 OTT 或互联网改造之后的新一代电视、连接了居家环境中各类智能硬件的家用机器人、车联网中像电子产品一样不断更新换代的汽车以及正在普遍被安装在各个场景之下的柔性屏幕……越来越多日常生活中的普通事物因为植入了廉价、强大、高性能的传感器、智能芯片或显示屏幕而具备了信息传播和内容展示的媒介属性。"没有什么比把迟钝的东西变聪明更富有成效，在现有程序中植入极少量有效的智能都会将其效率提高到全新水平。"[①] 这种"变聪明"意味着它能够获取、存储、传播和反馈人类所需要的信息，它变成了一种信息媒介，从而可以在一个新的深度和广度上为人类提供更加方便快捷高效的服务。这意味着我们可以通过这些不断增加的渠道及其无限延伸的时空来获取信息、内容和娱乐，而不再仅仅是依靠传统的少数大众媒体渠道，它们既不懂得我们需要什么又不情愿为我们做出各种相应的改变。然而更加智能、更加泛在、更加个性化的新终端、新媒体、新应用却可以做到，它们还在以一种全新的加速度不断出现在我们的生活、工作、学习和社交活动等越来越多的场景中。

泛媒介化、万物皆媒、媒介基础设施化等趋势使得媒介本身不再是稀缺资源，用户可以在任何时空、任何场景、任何状态、任何环境下以最合适的渠道获取信息资源和内容产品。此时的媒介分析便不能再将目光锁定在发行量或者收视率这样依赖广泛覆盖而堆积

---

① ［美］凯文·凯利：《必然》，周峰、董理、金阳译，电子工业出版社 2016 年版，第 29 页。

起来的单一数据上面，因为媒介已经从单纯的内容传输和呈现方式演变成了为用户提供多元化信息解决方案的服务方式。在过去，媒介即讯息①；在今天，媒介即服务②。如果在渠道稀缺的大众传播时代，媒介以及依赖于媒介而存在的从业者们还有值得他们高高在上俯视受众和广告主的凭借的话，那么在今天万物皆媒的时代，他们便已经没有了任何这样做的资本。尽管没必要去仰视逢迎用户，但媒介也应该把自己的姿态放低，做到与用户之间展开地位平等的对话，否则用户就会立马转身离开并投奔竞争对手的阵营。在智能媒体语境下，无论是提供信息服务的媒介还是获取信息服务的用户都不再是泾渭分明的甲方乙方关系，而是一种协同成长、相互成就的共生进化关系。

这时候的媒体分析要解决的最关键问题是：用户在具体场景下的信息需求是什么？通过哪种最合适的媒体终端和媒体应用为他们提供这种信息服务或解决方案？同质化的大众消费时代试图用一刀切的单一媒体渠道提供面向所有受众的内容呈现，而异质化的个性消费时代则必须用数据、算法、语音交互、深度学习等计算主义的工具，在一切具备了媒体属性的服务工具中找到最合适的工具、提供最合适的内容、匹配给最合适的用户。用户用数据将媒体训练得更加贴心，媒体用服务让用户的生活更智能，"越多人使用人工智能，它就会变得越聪明；它变得越聪明，越多人就会使用它；当它

---

① ［加］马歇尔·麦克卢汉：《理解媒介：论人的延伸》，何道宽译，译林出版社2011年版，第1页。
② 夏洪波：《全球品牌工程》，《中国广告》2018年第5期，第34~36页。

更聪明时，就会有更多人使用它。"① 这时候的媒体分析，变成了算法对具体媒介所提供的具体服务与具体用户需求是否高度匹配的分析。

五、受众分析：从客群素描到用户画像

大众媒体时代的受众被认为是典型的同质化群体，媒体面向受众呈现无差别的内容，尽管它们在信息生产、内容分发和广告营销的过程中也会投入费用进行市场调查，然而这样的市场调查与其说是中立客观的数据参考，毋宁说是一种自欺欺人、掩耳盗铃的把戏。从调查公司那里得来的数据就像广告大师约翰·沃纳梅克那句经典名言一样："我知道广告费用有一半是浪费了，但我不知道是哪一半。"来自调查公司的客户调查数据亦是如此，"我知道这些数据有一半是虚假的，但我不知道是哪一半。"媒体也好，广告主/广告公司也罢，他们中的大多数拿这些数据只是用来为早已经制定好的产品策略或内容策略做合理性解释，而不是因为真的对这些数据高度认可而做出改进产品的决定。这主要原因在于调查公司所采用的传统统计学的调查研究方法在根本上无法真正反映媒体受众的全面特征和真实需求。"传统的统计调查是遵循自上而下的逐级下达、自下而上的逐级上报；统计方式是通过抽样个体去推断总体情况。这种通过多层抽样调查汇总的方式，其数据易出现误差，且抽样覆盖的范围有限，难以真正反映整体真实的情况。同时传统统计有时还要面对被调查者不配合等情况，从而导致基层统计人员的工作量大、

---

① ［美］凯文·凯利：《必然》，周峰、董理、金阳译，电子工业出版社 2016 年版，第41 页。

工作效率低、环节多而繁杂、数据准确度难以把握、统计时效性差等问题。"① 这些问题不是在大数据时代才暴露出来的，而是在过去的媒体实践和市场调研中就一直存在的。

举例而言，对电视节目的受众调查，通常会采用抽样调查和深度访谈相结合的办法，其最基本的假设就是所有受众具有高度同构的特征，在这样的逻辑下通过合理抽样得到的 2000 名用户是可以代表坐在电视机前观看这档节目的 2000 万用户的。然而事实证明，通过问卷获得的数据甚至连用户本人的真实意图都反映不了，又如何能够真正代表更多其他用户呢？这种研究假设的谬误必然直接地影响到研究方法、研究过程以及最终得出来的研究数据和研究结论。传统调研方式在受众分析上表现得捉襟见肘，因此它所给出的结论都是高度抽象的群体素描：20～25 岁的年轻人，女性，大学生或白领人群，热爱生活，喜欢旅游……这种对于受众群体的泛泛表述最大的优点就在于它几乎不会出错，但同样其最大的缺陷在于拿着这张素描去对照就会发现跟谁都有点像但跟谁也不完全像。"对于传统媒体而言，受众规模、到达率、媒介接触等方面的量化信息是必不可少的。如果今天我们所关注的依然停留在观众看了什么节目、受众的年龄、性别、收入等信息，已经远远不够了。我们还要回答，他们看了这个节目之后又去了哪些网站，他推崇什么样的生活方式，他的喜好、品位和价值观，等等。一言以蔽之，现在更多地要基于行为和习惯来描述和分析受众，而远不止于受众的人口学特征。"②

---

① 吕欣、李鹏：《大数据时代传统统计模式变革探析》，《宏观经济管理》2015 年第 8 期，第 39～42 页。

② 聂磊：《新媒体环境下大数据驱动的受众分析与传播策略》，《新闻大学》2014 年第 2 期，第129～132 页。

正是在要继续更准确地描述受众的行为特征这件事情上，传统媒体以及他们所采用的调研方式无能为力了。

这也恰恰是计算传播学的研究方法在受众分析层面所必须面对并解决的问题，而计算主义的思维和工具则从基本假设这一起点直接摧毁了传统媒体将受众视为同质化群体而展开的研究体系，并代之以更加具象化、更加个性化和更加清晰化的用户画像。媒介市场从来都不是同质化而是异质化的，并不是大数据将大众分化成了个体，而是大数据的思维和工具给了我们直接面对个体、分析个体、服务个体的契机。过去的受众分析通过"问卷访问、小组访谈等市场调研技术去分析客户，通过一个或者几个维度来定义细分市场，给一个客户群一个标准化的面孔……大数据给出的客户定义，不再是一个群体标准化的面孔，而是立体、全面的客户形象。运用大数据，客户可以从大众化、细分化变为微分化、个人化"①。而解决微分化、个人化信息需求和内容消费的关键技术和基本方法则是算法以及建立在各种算法之上的信息过滤程序和内容推荐系统，其核心原理是：一方面对具体用户在具体场景下的具体内容需求进行精准的预测（用户画像），另一方面是更全面、更细致、更准确地对海量内容库中的每一条信息进行体系化、类型化和标签化（内容画像），从而以最少的时间、最低的成本、最高的效率完成个性化需求和差异化内容之间的精准匹配。相比起内容画像，用户画像的难度要大很多，它涉及传统统计学重点描述的静态人口特征，涉及与用户消费兴趣相关的动态行为特征，还涉及特定用户所处具体场景的环境

---

① 赵国栋、易欢欢、糜万军、鄂维南：《大数据时代的历史机遇》，清华大学出版社2013年版，第257~258页。

特征以及瞬息万变的心理特征等方方面面，但构建起一套全面、立体而丰富的用户画像并"对其信息行为进行定量分析，是认识网络环境下用户复杂行为的前提和基础，有助于平台根据用户特征及其偏好提供更精准的个性化服务"①。

事实上，这正是计算传播学新范式与大众传播学传统范式之间存在的根本性差异，这也正是计算传播学所有研究的出发点：观察并了解每一位用户，向不同的用户提供不同的信息服务。在新的范式下，谁能够最精确地对用户画像进行描述、最准确地预测用户在下一秒的信息需求并最精准地向他提供针对这一需求的信息解决方案，谁就会在激烈的市场竞争环境下获得最强大的核心竞争力。完善用户画像的最主要方式就是利用用户在线产生的大数据对其相关信息进行挖掘，并输出为具体的标签体系。例如，基于某位具体用户的 LBS 地理位置数据显示，这位用户每个工作日 9 时至 17 时的坐标通常是国贸大厦，系统便会自动将"国贸大厦"这个标签与用户画像中"工作"相关的标签进行关联。同样的道理，借助于大数据技术，我们可以为这位用户贴上"海底捞""大叔控""购物狂""××粉丝"等多种多样的标签，这些标签能够更好地提取和呈现这位用户身上所表现出来的各种特征，算法借此将用户与内容进行更精准的匹配。

六、效果分析：从魔弹轰炸到精准匹配

传播的效果研究一直是传媒学术界和产业界非常关注的基本议

---

① 刘海鸥、孙晶晶、张亚明、赵攀：《在线社交活动中的用户画像及其信息传播行为研究》，《情报科学》2018 年第 12 期，第 17~21 页。

题之一，然而，直到 20 世纪末 21 世纪初，这一研究方向在方式方法上却一直没有取得根本性的突破。悲观主义者认为它只是无关痛痒地证明了传播本身的的确确是产生了效果的，至于这种传播效果是什么、怎样产生的、影响程度有多大，传播效果的研究者们却语焉不详。于是大多数传播效果的研究总是在各界高度期待的目光中得出一个尽人皆知的空洞结论，也正因此，这种打着定量研究招牌的经验主义终于陷入了死而不僵的逻辑怪圈中再也无法跳脱出来。尽管如此，大众传播的效果研究也在过去取得了轰动一时的成果，最典型的是施拉姆发明的"魔弹论"，虽则这一学说从开始流行到逐渐式微的整个过程都一直饱受传播学理论界的批判，但作为一种应用逻辑，它却不折不扣地深刻影响了 20 世纪下半叶国内外大众传播的实践进程。魔弹论的主要观点在于，"传播被认为是魔弹，能够自动地将观念、情感、知识、动机从一个人传递给另一个人……在早期的传播研究中，受众是被动和无力的，传播能够将他们射中击倒，就如电线能够传递电子使灯泡发光一样。"① 这样看来，"魔弹论"的传播效果观恰恰是过去大众传播效果研究范式的真实写照：你只需要看见受众在传播的枪打响之后应声而倒就行了，不要问他们是怎么被击中的，究竟是被谁击中的。事实也的确如此，大众传播不是拿一把手枪精确瞄准某个人或某个靶心的百步穿杨，而是架起机关枪或者装载好炸弹面向广泛群体的扫射或轰炸，魔弹之下总有人被射中、被震聋、被误伤。对于媒体和广告主来说，尽管这种传播方式不那么集约，但它的确有效；尽管不那么清晰它的效果是什么，

① Schramm W. & Roberts, D. The Process and Effects of Mass Communication. Urbana, University of Illinois Press. 1971, pp. 8－9。

但只要准备好充足的子弹总有人应声倒下。

　　换一个角度来看，这种状况的成因并不是主观人为因素造成的，传统效果研究的没落更多的在于客观技术层面上研究者和实践者没有办法获取精确到每一位用户的媒介浏览、阅读、收视、购买等行为数据，没有客观数据的支撑，仅凭经验主义的主观臆断是无法得出真正具有说服力的效果分析的。以传统的广告效果监测为例，广告的"整合营销传播所整合的很多营销手段和传播方法都不具有可跟踪性，企业可以监测到广告投放和信息发布这一动作是否在指定媒体上得以完成，却无法监测到这一动作完成之后的大量信息，例如信息是否触达受众、受众是否是目标消费者、目标消费者是否看了广告、看完广告之后是否引发了购买行为等"①。事实上，无论对于广告传播还是内容传播，信息路径的不可跟踪和受众数据的无法获取这两大主要问题，在传统的大众传播时代就好像横亘在传播效果研究者面前两座无法翻越的大山，直接导致了传统效果研究既无法提供严丝合缝的现象诠释，又不能带来逻辑合理的理论建构。

　　而互联网技术和大数据技术所带来的路径的可跟踪性与数据的可获取性使得传播效果的研究发生了根本性的转变，这种转变不仅仅是数据获取方式和处理方式的转变，更是一种传播认知方式和实践方式的转变。建立在海量规模数据和强大计算能力基础之上的效果分析，不但能够解释为什么某位具体用户阅读了这则新闻，还能够清晰地勾勒出这则新闻经过了几次转发才触达这位用户，甚至能够对他进行细致的用户画像，从而预测他更喜欢阅读什么样的新闻

---

　　①　刘庆振、赵磊：《计算广告学：智能媒体时代的广告研究新思维》，人民日报出版社2017年版，第28页。

内容以便下次出现此类新闻的时候向他进行精准的推送。这种以分析历史数据和预测未来行为为核心的传播效果分析，"通过对海量数据的定向挖掘，能够发现人类行为或活动中出现的某些固有倾向，从而检视事件或行为发生的可能性。大数据之所以受到商业营销的高度重视就在于它能够较为精准地预测顾客的消费习惯，找准市场。"① 这时候的传播效果分析是针对个体的，而不是针对群体的；是具体到每一张图片或每一则新闻的，而不是泛化为某一家媒体或某一个品牌的；是可以建立在客观数据之上得出解决方案来的，而不是凭借主观推测给出三条大而无当的改进意见。

简而言之，计算传播学视野中的效果分析在根本上要解决的问题是面向具体用户的个性化传播效果问题，其基本假设是只有那些与用户需求高度匹配的信息才有可能获得良好的传播效果，在这样的前提下效果分析就能够作为内容个性化推荐和广告程序化投放的重要决策参考。例如，内容个性化推荐系统向用户 A 频繁地推荐清史相关的资讯而不向用户 B 推荐这些内容，原因在于用户 A 点击此类资讯的频率比用户 B 高很多，而且阅读完成的比例较高，在完成阅读之后还存在比较积极的点赞、评论、收藏、分享等社交互动行为。根据这些短期或长期的传播效果，推荐系统就能够动态化地调整它向用户推荐的个性化内容，而推荐系统的个性化匹配程度越高，其所收获的传播效果也就越好。进一步地，传播效果越好，系统则会根据真实反映出来的效果数据更好地揣测用户的内容需求，从而不断地提升内容匹配的精准度。同样，以程序化投放为典型代表的

---

① 操瑞青：《传播效果研究的新思考：基于大数据时代的探索》，《浙江传媒学院学报》2014 年第 5 期，第 38～44，68 页。

计算广告逻辑也是通过针对具体用户的个人画像及其浏览广告的效果分析来决定向他推送哪些广告。对于所有的营销人员来说，他们时时刻刻都在思考的一个问题就是，如何提升广告传播的真实效果，这些效果包括点击、浏览、观看、购买等真实的行为。而提升广告效果的最好方式就是运用大数据技术和程序化方式"在合适的时间合适的地点对合适的人传递合适的品牌及产品信息。"① （吴俊，2017） 在提升传播效果的同时，计算传播学的研究方法也极大地提升了针对不同用户进行个性化分发和程序化广告的效率，降低了传统"魔弹论"在大众传播模式下的资源浪费，实现了媒介资源和广告费用的集约化管理。

七、计算传播学是传播学的理论拓展

无论是数据主义对大众传播要素的解构，还是计算能力对网络传播路径的重构，从本质上看，这些转变已经深刻地影响了学术领域与产业领域的传播观和方法论，并推动着传统大众传播学的方方面面不断拥抱数据主义和计算主义，从而催生了一个全新的传播学分支学科——计算传播学。尽管从短期来看，计算传播学作为一种新生力量仍然仅仅是被视为经典大众传播学的有益补充，因为它的方法论切切实实地弥补了拉斯韦尔 5W 传播模式所奠定的控制分析、内容分析、媒介分析、受众分析和效果分析在量化数据和具化效果等方面的明显缺陷；但从更长远的角度来看，随着数据主义和计算主义不断地渗透到传播领域的各个环节和各个细节，这种大范围的解构和重构将在根本上推动传播学世界的范式转换。

---

① 吴俊：《程序化广告实战》，机械工业出版社 2017 年版，第 18 页。

　　关于范式，美国的科学哲学家在其著名的《科学革命的结构》一书中有着明确的表述，他认为一种范式应该是在一段时间周期内为某一共同体成员提供问题模型和解决方案的科学成就①，"科学界公认的信仰、理论、模型、模式、事例、定律、规律、应用、工具仪器等都可能成为某一时期、某一科学研究领域的范式。范式的出现为某一研究领域的进一步探索提供了共同的理论框架或规则，标志着一门科学的形成。"② "二战"前后，霍夫兰、拉斯韦尔、拉扎斯菲尔德、施拉姆、勒温等研究者先后提出了互为借鉴、互为补充的传播模式和传播理论，使得传播学作为一门全新的学科获得了独立的地位，并奠定了大众媒体时代的传播学范式，而这一范式也成为与传播学领域密切相关的学术共同体和实践共同体所赖以活动的某种规范，推动着传播学的不断发展。正如罗杰斯在《传播学史》中指出的那样，"传播学方面的重要进步往往是由某些学派所促成，这些学派又由属于一个研究所的核心学者们的连贯一致的网络所构成"③，这种"连贯一致的网络"与库恩所谓的"共同体"概念具有高度的重叠性。大众传播范式为过去近一个世纪的传播研究和传播实践提供了其共同体成员所共享的基础理论、基础框架和基本方法，形成了基于大众媒介视角的传播观和方法论，指导着各个学派的研究议题和各个领域的实践方向。

　　但实际上，关于范式库恩在其著作中还同时强调了另外一个话

① Thomas Kuhn. *The Structure of Scientific Revolutions*, 1st edition. University of Chicago Press. 1962. p. 10。

② 陆雄文：《管理学大辞典》，上海辞书出版社 2013 年版，第 355 页。

③ [美] E. M. 罗杰斯：《传播学史：一种传记式的方法》，殷晓蓉译，上海译文出版社 2012 年版，第 4 页。

题，即某种科学范式尽管具有一定的稳定性，却不是一成不变的，它把这种从旧的范式向新的范式的变革过程称为"范式转换"，在过程中，科技革命是形成范式转换的一种重要驱动力。当前，以互联网、大数据、人工智能、机器学习等为核心技术集群的新一轮信息技术革命正在推动着传播学从过去的大众传播范式向着更加精准化、个性化、动态化和智能化的计算传播范式转换。因此，从传播学史的视野来看，我们更倾向于把计算传播学视为一种全新的传播研究和传播实践范式，而不仅仅是单纯地把它看作传播学的一个分支学科或者操作方法，因为它对传播领域的影响是广泛的、全面的、立体的、深刻的甚至是根本的，而同时它对传播学的改造也不止于方法论还包括基础假设、核心理论、根本逻辑等底层代码。这种解构和重构意味着，新范式与旧范式之间尽管还存在着某些相同的要素和思想，但在本质上它们已经不再享有共同的认识论和方法论。不断涌现的新现象、新思维、新知识和新理论在现实层面上逐渐打破了原有的研究假设和基础法则，从而使得科学/学科的基础理论和应用逻辑发生了根本性的调整或颠覆：新的范式及其研究者必须承诺能够最大限度地为不断涌现的明显且广泛的具体问题提供全新的解决方案①。今天，计算传播范式及其研究者和实践者正在试图用数据主义和计算主义的认识论和方法论为那些明显而广泛的传播问题提供一种全新的解决方案，机器写作、数据新闻、程序化广告投放、个性化内容推荐引擎、智能化舆情预测与管理……只不过，当新范式的忙碌身影已经时时出现在我们身边的时候，旧范式的思想幽灵

---

① Thomas Kuhn. *The Structure of Scientific Revolutions*, 1st edition. University of Chicago Press. 1962. pp. 168 – 169。

依然在我们所有人的脑海中挥之不去。

我们正站在一个全新的计算社会科学的起点上①，从这个起点开始，数据要素和计算能力将成为包括传播学在内所有社会科学赖以生存和发展的根本性资源。数据不仅仅是一种研究方法，它还是一种世界观，"是一种思维方式，按照大数据的思维方式，我们做事情的方式与方法需要从根本上改变"②；同理，算力与算法既是认识论又是方法论，它们与数据一道重塑着全球范围的传播图景。事实上，如果数据主义和计算主义的研究方法和实践策略仅仅是支持我们以更快的速度、更大的规模和更强的便捷性来提升、改进或者优化现有的一整套方法论的话，那么无疑它是受欢迎的，却不是具有革命性的。恰恰相反，我们更倾向于认为，计算传播学的方法使得我们可以用之前完全不可能的方式来分析社会交往和传播行为，并且完全有潜力从诸多方面彻底改变着传播学这个学科。③ 更进一步地，计算传播范式所提供的解决方案，除了能够以前所未有的方式来研究传播问题之外，还在以完全超出人类想象力和实际能力的方式执行人类根本无法完成的数据处理和信息传播任务。在这样的传播景观中，数据科学家、算法工程师、计算机从业者和人工智能专家们将在拉斯韦尔经典传播模式所涉及的控制分析、内容分析、媒

---

① Wallach, H. Computational social science: Towards a collaborative future. In R. M. Alvarez (Ed.), Computational social science: Discovery and prediction. Cambridge University Press》, 2016. p. 307。

② 吴军：《智能时代：大数据与智能革命重新定义未来》，中信出版社 2016 年版，第 89 页。

③ Wouter van Atteveldt & Tai - Quan Peng. When Communication MeetsComputation: Opportunities, Challenges, and Pitfalls in Computational Communication Science, Communication Methods and Measures, 2018（12）: pp. 2 - 3, 81 - 92。

介分析、受众分析和效果分析等各方面的传播决策过程中发挥越来越重要的作用。

　　而这恰恰是新范式与旧范式之间的重要差异之一，它揭示了传播权力转移的未来趋势：那些既掌握信息技术又深谙传播思想的研究者、从业者、开拓者和创新者才是 21 世纪传播话语权的主导者。当然，这种权力的转移与范式的转换并不是在一夜之间完成的，尽管新范式的身影已经初见端倪，但要形成真正有关计算传播学的稳定的科学范式和学术创新，仍然"需要四个条件：新现象的涌现、新数据的易得、新方法的普及、新人才的形成"①。前两个条件即"新现象的涌现"和"新数据的易得"已经基本具备，而后两个条件即有关计算传播学的"新方法的普及"和"新人才的形成"还有待进一步地解决，这也恰恰是今天站在十字路口的新闻传播学教育所需要直面的一个根本性现实问题。

　　当前的困境在于，尽管大家都已经朦朦胧胧地意识到计算传播学作为一种全新的范式将会对传播领域乃至更广阔的政治、经济和文化领域产生深远乃至颠覆性的影响，但几乎所有人对于这种新范式的基本轮廓、核心思想和主要方法依然缺乏系统的认识、理解和掌握，于是对计算传播学新范式的假设提炼、应用总结、方法梳理、理念概括、理论建构和思想普及就显得尤为重要。与经典的大众传播相比，计算传播存在着数据化、个性化、动态化、智能化、场景化、集约化、精准化等突出特征，而这些特征是完全围绕着它所关注的核心问题展开的：在合适的时间合适的地点面向合适的用户提

---

　　① 祝建华、张丽华、黄显：《计算传播学与传播研究范式转移》，《青年记者》2018 年第 22 期，第 4 ~ 5 页。

供合适的信息，亦即实现用户、场景、内容、广告等传播要素的精准乃至完美匹配。对于计算传播范式而言，所有的技术手段、研究方法、理论创新都是为这一核心问题服务的，而正是对这一核心问题解决方案的不断改进和优化，推动着我们对大众传播理论进行着更具有当代学术价值和实践价值的继承和扬弃，并在此基础上进行更加大胆的重构，从而最终形成指导当下以及未来传播研究和传媒实践的新范式。

八、结语

以大数据、云计算、物联网、人工智能、深度学习为关键技术要素的新一轮科技革命正在冲击和解构着传统的大众传播模式。尽管大众传播时代提出的基本议题和研究的主要方向依然有着非常现实的当代价值，如我们从拉斯韦尔的 5W 传播模式所延伸出来的控制分析、内容分析、媒介分析、受众分析和效果分析等研究领域依然吸引着大量国内外研究者的关注和投入，但对这些传播现象、传播过程、传播要素和传播问题进行研究的基本假设、核心逻辑、主要工具和关键焦点都发生了根本性的变化，与此相对应的是建立在全新研究思路和研究方式上的传播观和方法论。新的研究学者、新的研究思维、新的研究方法以及逐渐形成的新的理论体系结合在一起，构成了一个新的学术共同体成员所共享的信仰、价值、技术等的集合，具备了库恩所说的形成新范式的基础，这个新的范式就是计算传播学的研究范式。

第五章

重新解读媒介、传播和广告

今天用户看到的大量内容（新闻、娱乐、图片、视频、广告等）都是由算法自动推荐的，但由于推荐算法本身太过于复杂，以至于尽管大多数用户哪怕知道自己是被"计算"或者"算计"过的，他们也不愿意花时间来了解推荐系统究竟怎样影响了他们切身的内容消费。

算法已经渗透到我们传媒产业从内容生产到信息分发的几乎每一个环节，全国至少有三分之一以上的人群是通过算法的帮助来进行内容消费的。包括今日头条、抖音、一点资讯甚至微信公众号等在内的自媒体内容，其流量也有相当大的比例是来自推荐系统。当然，这个数据对于不同的自媒体平台而言是有差异的，对于今日头条而言可能会超过90%，对于正在变革中的微信公众号大约会在30%以下。尽管学术领域和精英人士对于内容推荐系统和算法的价值观问题还抱持着强烈的批判态度，同时其本身也的的确确存在这样那样还有待继续完善的问题，但是对于传媒产业的从业者而言，无论是传统媒体人还是新媒体人，我们都要彻底摒弃对不了解的东西就心怀恐惧的心理状态，应该主动地去了解大数据、人工智能、机器算法、推荐系统等正在颠覆传媒产业的各种新技术、新思维、新方法和新逻辑。只有不断地提升自己的认知水平，才能够在如火如荼的推荐算法、智能媒体、计算传播学浪潮中做出相应的改变甚至革命，从而使自己的能力与时代的变化保持高度的同步。

一、拥抱智能媒体大时代

事实上，在经历了互联网、移动互联网以及物联网三次大潮洗礼之后，我们正在进入一个"智能+"新时期，在这样的语境下，智能媒体和计算传播等全新的概念迅速成为新闻传播领域备受关注的前沿话题。尽管智能媒体和计算传播学依然还处在萌芽初期，但业界和学界都饱含热情地勾勒出了可预见的未来社会的传播新图景：所有的媒体服务越来越人性化和个性化，它们会更贴心地与所有用户进行互动，会帮助人类更好地处理信息超载环境下的内容生产与消费，会因时制宜、因地制宜、因人制宜、因场景制宜地解决与信息相关的各类问题。

这种全新的算法驱动的智能建构时代已经开始对我们的生活、工作、社交产生深刻的影响，它激发着媒体领域的从业者去探索一个全新智能媒体时代的计算传播学，这已经成了迫在眉睫的事情，而不是50年或者100年之后的事情。就好像早在20世纪末开始席卷全球的互联网那样，谁都不会想到它会在短短的20年时光里就彻底颠覆了整个世界的底层代码；又好像当年苹果重新发明手机那样，谁都不会想到它会在短短的10年时光里将全球数十亿人口连接到了移动互联网的巨型大网之中。

今天的智能媒体大时代，我们正在将地球上的每一个人、每一件物品、每一项进程、每一场活动连接到一个万物互联的网络之中，而其中的每一个节点，凡是能够负载信息、传播信息、重构信息的，便都具备了媒体的属性，它们共同构成了智能媒体的基本生态。事实上，当我们在谈论智能媒体的时候，我们指的是所有节点共同构成的这个生态体系，而不是其中的某一件智能终端或者某一个智能节点，只有在万物互联的智能生态中，每一个媒体终端或者节点才可能是智能的，否则其智能就无从谈起。事实上，随着整个智能生态与所有节点的协同进化，我们今天所看到的智能媒体雏形，将会在未来 10 年中以更快的速度更加彻底地改造我们的传媒产业和社会经济。

从 2000 年前后开始，我国的媒体产业先后经历了三次主要的变革浪潮，第一次是报纸、杂志、广播、电视等传统媒体的数字化与互联网化，也就是从这个时候开始，新媒体的概念快速地深入每一位媒体从业者的思想之中。门户网站、视频网站、社交网站等先后发展起来，而四大传统媒体也在这一波的浪潮中逐渐地完成了它的转型与升级。第二波浪潮是各大媒体的移动互联网化与数据化，随着智能手机和大数据两个领域均取得了实质性的突破，媒体从业者也开始意识到了互联网红利趋于饱和之后的下一个战场——移动互联网红利和大数据红利。于是无论所谓的传统媒体还是所谓的新媒体，都纷纷抢滩移动终端并补足自身的数据能力。而我们当前正在经历的则是第三次浪潮，那就是今天几乎所有的媒体都越来越重视基于大数据的计算能力的提升以及智能化水平的建构。

二、面向用户的个性化信息服务

无论是互联网化、移动化、智能化，还是数字化、数据化、算法化，都不是媒体进化路径的终点，智能媒体也只不过是媒体形态的下一站或者高级阶段，而绝非终极形态。政府一直强调数字中国的建设，推动实体经济和数字经济融合发展，加快传统产业的数字化、智能化。这样的要求和愿景放在媒体领域同样适用，伴随着技术推动的媒体进化路线，我们一只脚已经迈进了智能媒体的时代大门。在我们向着高级阶段迈进的过程中，大数据、云计算、智能算法、深度学习等本轮信息技术革命中成熟起来的核心技术集群是它的基础设施，数据化新闻、程序化广告、个性化推荐、虚拟化现实、精准化营销等是它的应用表现。

随着车联网、物联网、产业联网等更多领域取得突破性的进展以及 5G 时代的加速来临，将会有越来越多被嵌入智能要素的软硬件具备媒体的属性，从而使得智能媒体形成一种泛在的状态，例如用户生活中的冰箱、洗衣机、餐桌、墙体、汽车等设备都因为安装了某种柔性的智能屏幕而变成了餐厅中的媒体、客厅中的媒体、卧室中的媒体、公路上的媒体、轮子上的媒体，而且这些媒体不但与作为基础设施的泛在智能网络相连接，还会彼此相连而建立起一个以某位具体用户为服务对象和网络中心的个性化网络，它们都存储了这位用户相关的大量数据，其目的也是通过对这些数据的相互开放和深入挖掘，为这位用户提供更加个性化的媒体服务和信息消费。当这位用户每一分钟切换一个不同场景的时候，它们就会根据已经掌握的历史记录对用户的未来行为和信息需求进行预测，从而更好地满足他在下一个场景中的具体信息需求和内容偏好。

曾经麦克卢汉说媒介即信息、媒介是人体的延伸，经过半个多世纪的技术革命和产业演化，在今天的智能媒体大时代背景下，麦克卢汉的预言应该做出相应的调整了，我们可以说媒介即服务、媒介是人体和灵魂的延伸。凡是涉及媒介信息、内容产品的生产、分发、消费和互动的所有动作都演变成了一种对用户更加个性化需求的服务，凡是个性化、人性化和智能化的媒体服务，都同时在体验上满足了人体和灵魂的两方面需求。如果说印刷术建立了媒体社会的文字文明，广播电视建立了媒体社会的影像文明，互联网、移动互联网建立了媒体社会的数字文明，那么下一阶段的媒体文化乃至人类文明则建立在数据、算法和人工智能的基础之上，它将会是一种全新的社会文化形态，而这一切实际上才刚刚开始，一切都还有待于重新解读。

三、重新解读媒体

首先我们需要重新反思什么是媒体。尽管我们每个人都能说出几种媒体类型来，比如报纸、杂志、互联网等，我们会认为它们是某种媒体类型；再比如文字、图片、声音、视频等，我们会认为它们是某种表现形式；又如报纸专栏、广播节目、影视剧作、网络综艺等，我们会认为它们是某种媒体产品。确凿无疑的，这些都可以归为媒体的范畴之内。但是，当被问到飞机、汽车、冰箱、洗衣机算不算媒体的时候，我们通常会认为它们不是。主要的原因在于整体而言，它们的主要功能并不在于传递信息。

然而，随着这些工具越来越多地安装了智能屏幕之后，其存储、传播、生产乃至消费信息的功能逐渐上升，其原来的主要功能变为一种基础功能，这时候很多用户对它们的媒体属性就会越来越看重。比如一台汽车的联网功能、影像功能、娱乐功能等，这个时候这台车就变得越来越像一种媒体了。看得再远一些，当一台无人驾驶汽车不再需要司机的时候，用户使用这台车的基本功能是出行，但用户待在这台车中的几十分钟甚至数小时的时间则是借助这台车的媒体功能在进行信息传播活动或者娱乐休闲活动。在这个逻辑意义上，这台车就是一种装在轮子上的媒体了。

让我们再来重新看一下媒体的定义：媒体（media）一词来源于拉丁语 Medius，音译为媒介，意为两者之间。媒体是指传播信息的媒介，它是指人借助用来传递信息与获取信息的工具、渠道、载体、中介物或技术手段。也可以把媒体看作实现信息从信息源传递到受信者的一切技术手段。媒体有两层含义，一是承载信息的物体，二是指储存、呈现、处理、传递信息的实体。今天的媒体定义正在从传统的四大媒体、互联网、移动互联网等狭义视角中挣脱出来，它的内涵和外延发生了重大的转变，在万物互联的智能时代，我们每个人都是一个媒体节点，每一件事物都具备成为媒体的潜在可能性。因为无论是人还是物，都具备了承载和处理信息的强大能力，这种能力是大数据和智能算法所赋予的，这种能力就是计算能力。算法作为数据与人工智能的节点，发挥着构造流量入口、捕捉用户黏性的关键作用。[1]

四、重新解读传播

其次我们需要重新反思什么是传播。过去的传播经常会停留在新闻报道、舆论宣传、产品推广、广告轰炸等具体形式上面，它所

---

[1] 喻国明、杨莹莹、闫巧妹：《算法即权力：算法范式在新闻传播中的权力革命》，《编辑之友》2018 年第 5 期，第 5～12 页。

采用的模式也是一对多的广播模式或者有计划有步骤的网络传播逻辑。但无论是大众传播还是网络传播，其本质都是人找信息。试想一下，我们去报刊亭购买一份《中国经营报》，是不是人找信息？我们拿着电视机的遥控器从频道1开始按键一直按到最后一个频道再跳回到频道1，是不是人找信息？还有，我们通过百度、谷歌搜索某一条新闻资讯，我们通过京东、天猫搜索某一件商品，是不是人找信息？都是。

事实上，传播学这些年来一直都在研究的问题就是怎样进行有效地传播信息，我们来看传播的定义：传播是指两个相互独立的系统之间，利用一定的媒介和途径所进行的、有目的的信息传递活动。信息传播过程是一种信息分享过程，双方都能在传递、交流、反馈等一系列过程中分享信息，在双方的信息沟通基础上取得理解，达成共识。在这个意义上，我们会发现传播本身具有目的性、互动性和分享性，而实现传播的目的、互动和分享的方式大致有两种：一种是我们前面所说的搜索，也就是人找信息；另一种是与之相反的思路——过滤，也就是信息找人。

在信息找人这个方面，我们使用最多的两个应用程序在朝着两种不同的过滤方向演进，它们分别是微信的朋友圈和今日头条的推荐。朋友圈是一种基于社交关系的信息过滤，它的基本假设是，你的朋友喜欢的信息通常你也有可能会喜欢，因此，朋友圈中展现在我们眼前的信息流都是我们的朋友生产、分享或转发的信息。今日头条的算法推荐是基于大数据和人工智能技术的一种信息过滤，它的基本假设是，阅读量高的信息应该被推荐给更多的具有某种特征或打了某一标签的用户，而你的阅读历史记录则是系统向你推荐具体内容的重要数据参考，因此它为你量身定制的推荐频道中几乎都是与你经常点击的内容高度相似或相关的内容。从人找信息到信息找人的传播逻辑变化，并不只是人与信息在传播公式中位置的简单变化，更重要的是这种变化反映了基于智能媒体的信息生产方式、内容消费方式和用户娱乐方式的本质变化。

五、重新解读广告

再次我们需要重新思考什么是广告。在大众传播时代的广告是一种轰炸效应，一则电视广告每天在固定的时段面向全国的观众播出，轰炸得久了，品牌的知名度就建立起来了，用户想要购买某种商品的时候会首先想到某某"名牌"。

互联网技术的快速发展给了广告主以更精细化管理其预算的可能性——可以针对不同的用户进行不同的广告投放。也就是从这个时候开始，广告的媒介购买方式逐步从购买版面或时段等资源向着购买不同的用户群体转变。我们不能低估这种转变，正是这种转变开启了程序化广告的新时代，它使得广告主在进行广告投放的时候目标更明确、预算更精细、效果更可测量。比如，场景化的广告投放能够根据用户所处的不同场景进行精准的信息匹配，用户所处的位置、状态、情绪，用户以往购买的产品、品牌、服务，用户对内容的兴趣、喜恶、偏好，用户对广告所采取的态度、动作等，都会直接影响到每一次的程序化广告投放行为。当广告的投放越来越精准、越来越个性化、越来越符合用户需求的时候，其营销甚至促进购买的效果就会越来越明显。这个时候的广告与内容、场景和用户需求较为完美地匹配或融合在了一起，它更像是一种原生广告：广告即内容，内容即广告。①

　　与此同时，电商化使得用户从接触广告信息到完成交易行为的时间和空间极大地压缩了，数据化使得广告主和广告公司对目标用户的画像变得越来越清晰了，场景化使得我们能够以更加精准、更加个性的方式与用户进行更加即时有效的互动了。再加上今天各大互联网公司布局的新零售革命，不但打通了线上线下的数据，而且实现了高效的最后一公里的物流。在这样的前提下，我们重新思考广告的时候会发现，不能把它仅仅局限为一种简单的媒介资源购买行为或者产品营销手段，而是应该从整体战略层面把它看成产品运营或者企业运营的一个环节，它随着媒介的智能化进程和数据计算能力的提升而变得越来越重要。

六、结语

　　今天，一切无法提供智能化服务的媒体都是传统媒体，无论它是报纸杂志，还是广播电视，抑或是互联网、移动互联网。曾经有一句话说，第一代互联网公司的从业者已经老了，这也就意味着曾经被认为是新媒体的门户网站、博客网站乃至视频网站都正在变得越来越传统和保守。有人把那段辉煌的历史称为传统互联网时代，更尖锐一点的称呼叫作古典互联网时代。由此可见，无论是什么媒体类型，如果不紧跟数字化、数据化、智能化的时代大潮，都有可能成为传统媒体。当然，这并不意味着传统媒体经历了数十年甚至上百年发展历史所积累下来的经验和精髓就变得毫无价值了，新闻

---

　　①　刘庆振：《媒介融合新业态：数字化内容与广告融合发展研究》，《新闻界》2016年第10期，第55~59，72页。

专业主义的理念、内容创作的手法、那些舆论分析的逻辑，依然发挥着重要的作用和价值。只不过，当我们伴随着智能媒体革命进入一个全新的历史阶段的时候，技术所起的作用变得越来越重要了。任何人都不应该忽视技术的价值，它会帮助我们解决很多过去我们无法解决的问题，智能媒体亦是如此。

第六章

影像内容个性化推荐机制

随着大数据、云计算、人工智能等技术的快速发展，算法、个性化分发、推荐系统等概念正在为内容产业乃至整个传媒产业带来新的思维方式、生产方式和消费方式。在今天，中国至少有超过 6 亿以上的人、全球至少有超过 25 亿以上的人借助于算法来获取每天所消费的内容产品，这些内容产品既包括公众号、知乎问答这样的图文内容，也包括得到、喜马拉雅这样的音频内容，还包括短视频、影视剧这样的影像内容。与此同时，在互联网和移动互联网领域的海量内容产品消费方面，有超过 60% 以上的流量都要归功于推荐算法和个性化分发系统。算法的巨大优势改变了用户获取内容、消费内容和分享内容的习惯，而且其影响力将会在未来进一步提升并从根本上改变内容产品的研发、生产、分发和反馈等各个环节。由于内容产品类型多元、形式多样，因此本文将聚焦于重点探讨影像创意内容产品的个性化推荐算法及其对影视传媒产业可能产生的重要影响。

一、今日头条与 Netflix 的算法

很多人都是在使用了今日头条或者抖音之后，才意识到原来我

们每天所接收到的大量信息都是通过算法推荐来实现的，并因此开始逐渐地探索个性化推荐算法对传媒产业乃至我们每个人的生活和工作究竟产生了什么样的影响。过去几年，今日头条和抖音这两款 App 做得特别好、发展得特别迅速，因为它们向你推荐的内容特别精准，甚至会让人上瘾。在抖音首页的推荐页面，每次手指下滑，我们似乎永远猜不到下一个视频会是什么，这种机制可以被称为间歇性变量奖励（intermittent variable rewards）。每滑动一下，会出现萌蠢的猫狗，还是搞笑的恶作剧，还是某个小技巧的教程，还是某个明星的生活动态，或者是一个广告？只有抖音的个性化推荐算法才知道答案。

事实上，恰恰正是这样的个性化推荐算法使得抖音用户的日平均使用时长一度高达 76 分钟。简单来讲，抖音的个性化推荐算法努力要做到的是：即便大家都在使用抖音这款产品，但是所接收到的内容却大相径庭。比如，有人表示"抖音是最好的吸猫工具"，有人认为"抖音是土味文化的最佳集合"，有人看到的是"生活窍门集锦"，也有人把它视作"化妆视频工具"……这就是所谓的千人千面，其背后的基本逻辑就是基于用户大数据算法推荐策略。简单而言，它的内容推荐逻辑大致是这样的：当一个视频初期上传，抖音会给你一个初始流量，在给到你的这些初始流量形成了简单的初始数据之后，它的算法会根据这个全新的内容所形成的点赞率、评论率、转发率等数据进行计算并做出这个内容是否受欢迎、是否应该值得被继续推荐给更多用户的选择，如果算法认为它受欢迎、应该继续推荐，那么这则内容就会形成接下来的二次传播……从而获得更高的点击率、点赞率、评论率和转发率，甚至会形成爆款内容。

今日头条的算法与之类似，资深算法架构师曹欢欢博士认为，今日头条资讯推荐系统本质上要解决用户、环境和资讯的匹配①。这恰恰就是计算传播学所要研究的核心问题：用户、场景与内容的精准匹配。

对于今日头条而言，要达到用户、场景与内容精准匹配的效果，其算法推荐系统需要输入有关这三个维度的多重变量：第一个维度涉及被推荐内容的基本特征，例如内容的形式（图文、视频、短视频、微头条、悟空问答等），内容的领域（历史、文学、情感、实事、民生、娱乐等），内容的标签（搞笑、悲情、嘻哈、惊悚、名人等），每个内容都可能会涉及很多的特征，系统会尽可能多地提取内容的各方面特征，从而可以更好地描述它是一种什么样的内容。第二个维度涉及被推荐用户的基本特征，例如用户的基础信息（性别、年龄、地域、职业、机型等），兴趣信息（历史、科技、娱乐、文学、异域等），社交信息（通讯录好友、App 好友、点赞评论转发数量等）。除此之外，还有很多甚至连用户自身都不清楚的很多隐藏特征也有可能会通过数据反映出来。第三个维度涉及用户所处的场景特征，比如时间信息（早上、中午、下午、晚上、深夜等），空间信息（居家、公司、学校、异地、海外等），状态信息（移动、睡前、社交、恋爱、闲散等），用户的场景不同直接影响到他对内容的获取、关注、消费和传播情况。结合这三个维度，今日头条的推荐模型就可以对即将进行的内容推荐进行预估——这个内容在这个场景下对这个用户是否合适。如果算法判断是合适的，它就会把内容推

---

① 《每天被今日头条推送文章背后的算法技术是什么？》，https：//baijiahao. baidu. com/s？id＝15893765664574564 22&wfr＝spider&for＝pc。

荐给这个场景下的这个用户，反之则不推荐。

如果想要它的算法达到更好的效果，那么还需要认真地考虑以下四类特征：第一个是相关性特征，它解决的是内容和用户二者之间是不是具有高度相关性和匹配性的问题。第二个是环境特征，它解决的是用户所处的场景的基本情况是不是与这篇内容能够匹配的问题。第三个是热度特征，它解决的是一篇内容在冷启动的时候会不会获得一个比较可观的初始流量的问题，这是内容冷启动要认真考虑的问题。第四个是协同特征，它考虑的是历史数据相似的用户在一定意义上或许对内容的偏好也会相似，这一特征在一定程度上试图解决所谓算法越推越窄的问题，也就是信息茧房问题。

今日头条也好，抖音也罢，放在今天的智能媒体大时代背景下，它们的推荐算法已经不是那么神秘莫测的了。这两个应用的快速崛起除了算法技术本身之外，另一个非常重要的原因在于它踏中了自媒体内容大爆发的时代步伐，并利用个性化推荐技术收割了上一轮的自媒体红利。此前的门户网站时代，除了大家并没有意识到个性化推荐技术对内容传播的颠覆性威力之外，更重要的一个问题还在于其内容本身的匮乏，除了能够把传统媒体几百家新闻机构的内容以数字化的形式搬运到网上来之外，的确没有什么更多、更好玩、更有意思的内容推荐给用户了。传统的新闻内容生产周期相对较长，这也在一定程度上意味着，哪怕我们拥有先进的推荐算法也可能无法做到精准地向用户实时推荐他所感兴趣的各类内容，从而使得个性化推荐算法的效果大打折扣。

今天的内容生态与十几年前的内容生态相比，可以说是发生了天翻地覆的变化，除了报纸、杂志、广播、电视传统四大媒体能够生产和发布内容之外，越来越多的企事业单位、自媒体组织和个体都参与到了信息的生产、传播和互动过程中。而且，不同的创作主体、不同的人群特征、不同的事件报道、不同的解读视角、不同的生活体验、不同的价值观点、不同的阶层立场等，使得今天的内容覆盖面可以涉及生活、学习、工作、社交的角角落落。可以说，正是因为内容生态的大爆发才给了个性化推荐算法以用武之地，也给了身处信息泛滥时代的用户以一种耳目一新的体验。哪怕这些算法还存在这样那样的问题，但在海量的内容池中，算法推荐的内容总有一部分满足了用户的窥探、猎奇、八卦、娱乐等需求。在这样的前提下，尽管说是算法成就了今日头条和抖音并不错，但它们成功的背后除了算法本身，还有自媒体时代内容的大爆发，这才是风口浪尖，算法则是在风口浪尖翩翩起舞且备受瞩目的对象。

随着越来越多的应用程序都开始将个性化算法在它们的业务中广泛运用开来，接下来才真正到了较量谁家的技术更先进、谁家的算法更聪明、谁家的媒体更智能的阶段。也就是我们已经迈入其中的智能媒体时代，计算传播学则是智能媒体时代的基本逻辑框架和基础理论支撑。

Netflix 是较早将推荐算法运用到内容分发过程中去的典型公司，它的个性化推荐算法要比国内的资讯分发平台以及视频内容分发平台早很多年。早在 2006 年的时候，它就发起了 Netflix Prize 百万美元竞赛，拿出 100 万美元奖金让开发者为他们优化电影内容的推荐算法，这称得上是推荐系统领域最标志性的事件。同样是 2006 年，Netflix 产品副总裁 Todd Yellin 带领一个工程师团队用数月时间写了一份长达 24 页的名为《Netflix 量子论》（Netflix Quantum Theory）的文档。专门讲述如何用"微标签"（microtag）拆解电影。这份文档的目的是作为训练手册，让不同的人对微标签有同样的理解，以保证能够系统性地、标准统一地解构上千部电影。如今这份手册已经扩展到了36页。[①] 而彼时国内的视频网站才刚刚起步，它们真正意识到算法对于内容推荐的巨大价值是在2014年前后。

个性化推荐一直都是Netflix能够受到用户普遍认可的关键原因，而在数据积累和算法研发方面的前瞻性和创新性则使得它能够超过全球范围内的其他对手遥遥领先。时至今日用户在Netflix上观看的80%内容都是由推荐而来的，据Netflix估算，个性化推荐系统每年为它的业务节省费用可达10亿美元。而在与用户的互动中，Netflix也在努力尝试让用户更好地理解它的算法推荐逻辑，因为只有用户真正理解算法的运行方式，他们才会更信任这个算法、才会愿意更多地使用这个算法、才会更倾向于把自身的喜好和数据反馈给系统，也只有这样才能更好地为它的用户提供更加个性化的内容推荐服务。

个性化推荐的根本目的是要给它的用户推荐一些具有高度吸引力的内容以供他们选择，但是不同的用户兴趣和偏好不同，因此不同的产品对不同用户的吸引力也就不同。而这恰恰是推荐算法要解决的问题，它必须能够更好地把更合适的有吸引力的内容推荐给更合适的人，而推荐算法的具体操作方式就是针对用户过去的观看数据和行为标签，先选出一些内容候选集，然后再对这个候选集中的内容按照用户的感兴趣程度进行排序以决定哪些内容在什么样的位置推荐给用户。而算法推荐的展示结果最常用的方式就是在用户界

---

① 《Netflix，为何能成为个性化推荐的王者?》，http://www.woshipm.com/it/1132189.html。

面以某种排列组合的方式呈现给他们，这种排列组合的列表方式可以是横排的列表，也可以是竖排的列表，还可以是重点推荐和普通列表的组合形式。对于 Netflix，它的算法推荐呈献给用户的展示方式就是一行行的视频内容。Netflix 最大的成功就是它经过十几年的研究和优化，已经可以利用自身推荐算法的排序模型，最大可能性地做到根据不同的用户兴趣偏好为每个用户生成完全不同的视频内容推荐列表，以满足他们的个性化内容消费需求，这也就是它为什么敢于将推荐页面作为会员用户的首页。

相比起来，国内的视频网站还有一定需要提升的空间，尽管它们也都意识到了个性化内容推荐是未来黏着用户的一大利器，但当前在这方面的投入力度和研发成果都还不尽如人意。无论国内外，对于所有视频网站而言，"如果你正在寻找一个能够最大化用户消费的排序函数，那么最显然的基本函数就是物品的热门程度。原因很简单：用户总是倾向于观看大家都喜欢观看的视频。然而，热门推荐是个性化推荐的反义词，它将为每个用户生成千篇一律的结果。"[1] Netflix 恰恰是看到了在热门推荐之外，大量用户的个性化需求实际上并没有真正被满足，而它自身拥有的海量内容资源也不可能全部都是当前的热门资源，怎样把差异化的内容与个性化的偏好进行精准的匹配，就成为 Netflix 推荐算法要解决的根本问题。所以 Netflix 推荐算法的主要目标就是找到一个比热门推荐更好的个性化排序算法，从而最大限度地激活它的存量内容使它们能够满足不同用户的不同兴趣偏好。它的逻辑起点是向用户推荐他们最有可能喜

---

[1] 《Netflix Prize 和推荐系统》，https：//blog. csdn. net/qeeainburg/article/details/ 21044477。

欢观看的内容，而不是向他们推荐最热门、最可能带来流量的内容。Netflix 一直在大众化的热门内容和小众化的个性内容之间努力做出权衡，并在此基础之上不断地完善它的算法的排序模型。

二、推荐系统的核心逻辑

尽管大量用户并不清楚内容推荐系统的技术架构究竟是什么样，但是他们在影像内容的消费过程中已经离不开推荐系统了：今日头条推荐的小视频内容、抖音快手推荐的短视频内容、新浪微博推荐的各种视频链接、优酷和爱奇艺等推荐的影视剧作品……当用户在等公交车、乘坐地铁的时候，当用户在紧张工作了几小时停下来休息的时候，当用户在晚上睡觉之前，当用户在周末拥有整段闲暇时光的时候，这些生活、学习、工作、社交方面一个个看似非常普通的场景，都有可能是算法向用户进行个性化影像内容推荐的良好时机。"内容推荐就是将用户感兴趣的话题和内容呈现在用户面前，你看到的是明星逸事，我看到的是影片点评。"[1] 这也就意味着我们必须根据用户的兴趣、偏好、调性，并结合用户过去的内容消费记录和消费习惯进行更加个性化的推荐，只有这样，推荐系统每次向不同用户推荐的不同内容才有可能是针对具体每一位用户进行的个性化推荐。因此，不同的用户哪怕在同一时间登录同一家视频网站或者同一个短视频移动应用，他们在各自的登录页面所看到的推荐内容也是完全不同的。甚至更进一步地，哪怕他们同时选择了同一家视频网站的电影频道或者同时输入了"喜剧电影"这个关键词，推

---

[1] 闫泽华：《内容算法：把内容变成价值的效率系统》，中信出版社 2018 年版，第 1 页。

荐系统向他们呈现的也是更符合各自口味的不同内容。推荐系统在做的事情就是完成具体场景下用户和内容之间更高效进行连接的技术工具，换言之，其根本目的是"在智能传播时代实现用户、场景和内容之间的精准匹配"①。

在这个意义上，推荐系统连接着内容与用户双方，它每次的完善、迭代或进化的基本动力就是不断地提升它所推荐内容的精准程度或匹配概率。对于用户来说，他希望看到的内容应该是个性化的而不是千篇一律的，他每次对内容的选择、观看、评论和转发等行为都会变成一种正向的认可或者负向的反感，推荐系统会根据这些历史数据不断地探索不同用户的兴趣偏好，以便向他推荐的内容越来越多地受到认可。对于内容来说，它希望能够找到越来越多对此话题感兴趣的用户，使他们愿意点击、完成观看并进行评论，只有真正找到合适的用户而不是单纯地呈现在所有用户面前，这样的内容传播才是有效的。所以，为了更好地完成用户和内容之间更加精准、更加高效、更加个性化的连接和匹配，推荐系统必须不断地优化它对二者的了解和洞察：一方面它要更全面、更立体、更丰满地了解每一位用户的基本信息（包括性别、年龄、地域、职业等）、兴趣偏好（包括星座、性格、才艺、社交关系等）、场景特征（包括时空、状态、心情、周围环境等），另一方面它还要从不同的维度、不同的视角来完成对每一则内容的判断，包括这则内容的基本属性（作者、时长、类型、年代等）、情感属性（人物、故事、冲突、感情等）、社交属性（话题、评分、评论、看过的好友等），只有这样

---

① 刘庆振：《计算传播学：智能媒体视阈下传播学研究的新范式》，《教育传媒研究》2018年第6期，第21~25页。

它的推荐才会越来越精准、越来越个性化、越来越受到用户的认可和依赖。

　　而实际上这个不断提升对用户和内容了解程度的过程，就是一个不断完善用户画像和内容画像的过程。"所谓用户画像，就是根据用户人口统计学信息、社交关系式等信息而总结、抽象和挖掘出来的标签化用户模型。"[①] 同理，内容画像就是将内容本身的类型、特征及其可能的潜在用户进行总结、抽象出来的内容模型。无论是进行用户画像还是进行内容画像，最常用的两种方式就是对用户和内容进行类型化和标签化，也就是分类和贴标签。例如，我们可以把影像内容分为电影、电视剧、纪录片、综艺节目等不同的类型，在电影这个类型下面我们又可以按照地域分港台电影、大陆电影、日韩电影、欧美电影等细分类型，或者按照题材分为爱情电影、喜剧电影、战争电影、惊悚电影等细分类型，这就是一个分类的过程。当然，无论对于内容还是对于用户而言，分类意味着把不同的内容或者不同的用户归入同一个类别，其导致的结果虽然在一定程度上方便了用户的主动查找，但也非常容易造成画像不够细致。因此我们需要利用标签体系来完善具体到某一则内容或某一位用户的个性化特征，例如，某一位用户喜欢刘德华主演的电影，那么我们就可以将"刘德华"这个标签充实在他的用户画像中，在对他进行个性化影像内容推荐的时候，系统就会根据算法推荐机制优先向他推荐同样也贴有"刘德华"标签的内容。这也就是内容推荐系统最基本的原理，在这个逻辑下，不同的推荐系统和不同的应用经过长时期

---

① 余传明、田鑫、郭亚静、安璐：《基于行为——内容融合模型的用户画像研究》，《图书情报工作》2018 年第 7 期，第 54~63 页。

的探索不断完善着它们的个性化内容推荐算法。

三、推荐系统与短视频

短视频是内容推荐系统的典型应用场景之一，用户在看完一段短视频之后，系统会自动推荐一段新的短视频，用户只需要动动手指点击观看即可，不再需要输入关键词、点击搜索并筛选内容这一烦琐过程。这就是推荐引擎和搜索引擎的差异，也正是因为这种差异，短视频的推荐系统才必须更好地了解用户需求以便向他们推荐更加合适的视频内容。很多用户在使用不同的短视频移动应用时，都会有类似的体会：有的应用体验非常好，能让人沉迷进去无法自拔，有的应用推荐的内容却根本不感兴趣，让人觉得无聊至极以致直接卸载该应用。事实上，这就是不同应用程序所采用的推荐算法之间的差异。如果一款短视频应用所采用的推荐算法不够优秀，所完成的内容画像和用户画像不够精准，就完全有可能导致该系统向用户推荐的内容无法实现个性化的精准匹配，从而进一步导致用户体验差、黏着性差、卸载率高等严重影响该产品市场竞争力的恶果。

由于短视频本身存在短、小、轻、薄等特征，这就在很大程度上提高了对推荐内容的精准度的要求，不恰当的一则短视频会与上一则内容之间产生明显的违和感、突兀感，从而使得用户无法沉浸在对内容的流畅体验中。所以，在短视频行业经过了一年多的快速爆发和严厉整顿后，下半场的竞争将会更多地聚焦在推荐算法的竞争上，算法强则核心竞争力强、推荐精准度高则市场占有率高将会成为短视频领域竞争的残酷法则。对于短视频应用而言，无论其推荐系统所采用的技术如何先进或者其算法对不同维度的数据赋予的权重如何不同，其根本目的都是最大化地实现内容与用户的精准匹配，只有这样它才可能在争夺用户注意力的战场上胜出。

在这一点上，快手 App 的思路非常清晰，它通过精准刻画用户的意图，组合运用不同的算法来针对性地推荐个性化视频、全面地覆盖用户的不同需求，以期能够提升用户的点击率和观看率。具体而言，在一位新用户尚未注册登录的情况下，它在没有形成一个较为完善的用户画像的时候，主要通过简洁的界面、随机的展示和体验友好的瀑布流等方式鼓励用户根据自身的兴趣爱好选择相应的短视频内容。在用户已经点击观看了几则短视频内容并刷新之后，推荐系统就会根据用户已经选择的内容向他展示更多与前几条短视频相类似的内容。在用户完成注册并登录之后，推荐系统主要通过组合"关注""发现"和"同城"等几种不同的推荐算法力图做到用户在不同场景下的不同内容需求。"发现"推荐的内容综合运用了协同推荐系统和内容过滤推荐系统两种方式，前者通过历史数据推断用户的兴趣偏好并据此向用户推荐新的内容，而后者则主要向用户推荐与他们之前看过的内容高度相似的短视频。"关注"向用户呈现的则是他已经关注了的短视频生产者创作的内容，推荐系统也会根据这些内容与用户需求之间的匹配程度进行排序。毕竟同一作者发布的内容也可能截然不同，如果不利用算法进行过滤就可能会直接影响用户的体验。推荐系统会对发布的内容进行类型化和标签化，并利用机器快速地完善其画像，然后再根据算法模型判断这则视频与该用户之前观看的视频是否高度相似，从而决定是否向他推荐。"同城"则是主要基于地理位置的远近来决定优先向用户推荐哪些短视频内容。利用多种算法进行组合推荐的好处在于它可以在很大程度上规避掉单一算法可能存在的明显不足从而最大可能地向用户提供符合其需求的短视频推荐服务。此外，如果用户使用微博账号或者微信账号登录快手的话，推荐系统还会使用社会化过滤推荐系统向用户推荐其社会化媒体中的好友看过、点赞过和评论过的短视频内容。

另外一款短视频应用抖音为了更好地连接内容与用户，也在其推荐算法上面花费了大量的心思。有人将抖音对新上传内容的推荐方式总结为"赛马机制"，其基本的逻辑是：向每一则新上传的短视频内容随机地分配一个比较平均的流量池，对这些新上传视频的综合数据进行比较，并进一步向那些表现较好的视频内容分配一个更大的流量池，经过几轮叠加和不断强化的推荐之后，抖音的爆款内容也就出现了。当然，这种推荐机制更多地是从打造爆款内容的角度出发，其思路在于：已经有 100W + 的用户喜欢这则短视频内容了，那么它是值得推荐给更多用户的，没看过这则短视频的用户或许也会喜欢。正是这样的思路使得抖音的推荐系统更多地向用户推荐了那些看上去更热门的内容，而非更符合用户真正需求的内容。而为了解决推荐过程中存在的类似问题，抖音采用了"算法推荐 + 人工精选"的组合机制。一方面利用最新的机器学习技术设计相应的算法规则，确保推荐系统能够按照一定的频率和节奏向用户推荐相似短视频，但同时将这种推荐控制在一定的限度之内从而避免用户产生审美疲劳。另一方面，抖音会经常性地人工精选出不同类型、不同领域、不同作者的优质内容，根据相应的推荐规则和不同的用户标签向他们推荐不同的精选内容。随着学术领域对信息茧房问题的深入探讨以及政策层面对低俗内容的强势整顿，很多短视频应用也逐渐意识到自身推荐系统存在的各类瑕疵并加大力度完善其算法。事实上，好的推荐算法并不是站在流量经济的立场上一味迎合并向用户推荐相似度很高的内容，而是要从更多元化的角度向他针对性地推荐其视野范围之外的有价值内容。

四、推荐系统与影视剧

算法推荐的最重要价值在于它能够提高内容分发的效率，尤其是在今天内容产品以爆炸式的速度增长的语境之下，无论对于用户需求还是对于内容本身，个性化推荐系统无疑都是一个实现精准匹配、解决信息过载问题的重要手段。具体到影视领域，个性化推荐系统的价值也是显而易见的。用户在互联网上消费影视产品的时候，他们面对的是数十万乃至上百万部影视作品的巨大库存，而且这个数字每年还在陆续增加。从 2012—2017 年，我国的电影产量年均超过 1000 部、电视剧产量年均超过 10000 集。如果一名用户每天 24 小时不吃不睡只用来观看这些新增的影视作品，他的时间都是不够用的。在过去，几乎所有的视频网站都倾向于采用热门影视剧推荐的方式向所有用户进行千篇一律的内容推荐，举例而言，用户 A 和用户 B 登录某一家视频网站的时候，在两位用户的登录首页所看到的推荐作品是一样的，都是最近一段时间比较热门的影视剧集，视频网站并不会因为两位用户的性别、年龄、地域、职业、兴趣等差异化的属性向他们分别推荐更符合他们各自口味的影像内容。这就会导致所有视频网站的几乎绝大部分流量都流向少数的所谓"头部"内容，出现 80/20 现象：即 80% 的流量流向了 20% 的热门作品，其余 80% 的作品分享了剩余的 20% 流量。这种粗放式的经营方式在过去个性化推荐技术尚不流行的时代还有其生存的空间，但是随着流量红利的褪去以及内容产业竞争的加剧，面向用户进行的更集约化、更精准化的运营方式对影视作品的个性化推荐系统提出了更高的要求，算法推荐也成为影视作品分发环节的标配。

从国际上看，Netflix 从 2006 年悬赏百万美元进行推荐算法大赛开始，就一直致力于不断优化面向用户消费需求的影像内容推荐系统，并取得了令人瞩目的业绩。截至 2017 年 12 月 31 日，Netflix 全球用户总数已经达到 1.1758 亿人，其中付费用户超过 6000 万，每天在其网站上的观看时长超过 1 亿小时，这在很大程度上得益于其面向用户进行个性化匹配的算法推荐系统。更值得一提的是，根据 Netflix 官方的粗略估算，其推荐系统每年为它节约的运营费用为 10 亿美元左右。正是因为 Netflix 对其推荐系统的高度自信，所以它大胆地在用户登录的首页就采用了个性化的推荐算法，用户登录后首先看到的不是热门影视内容的推荐，而是为每名用户量身打造的差异化内容呈现。

这一策略也为 Netflix 带来了很好的回报：用户平均每 3 小时的视频播放时长中就有两小时是来自用户登录首页的个性化推荐内容。为了减少用户漫无目的进行内容搜索与过滤的时间，Netflix 综合运用了多种算法在登录首页的最重要位置进行推荐。针对每位不同的用户都会有 40 行个性化的影视作品可供浏览选择，每行又有 75 部根据不同算法、不同标签和不同需求组合而成的推荐列表，而且每一部作品都清晰直白地向用户说明了为什么进行推荐的理由，例如用户喜欢的演员阵容或网络评分等。涉及具体的推荐算法，Netflix 会根据用户的浏览记录选择相似的影像作品进行推荐、会根据内容排行榜的短期热点和周期性热点进行推荐、会根据继续观看的场景和用户搜索的场景进行推荐、会根据付费用户更加个人化的兴趣点进行推荐等。通过近几年不断改进和优化自身的算法，Netflix 已经显著提高了它向用户推荐的影视作品的接受度，提升了这些内容的被播放比率。

国内以影视作品为主的互联网企业在推荐算法方面起步较晚，尽管如此，国内的互联网企业近几年来也快速地在自身的业务领域加大了应用推荐系统的力度。例如，优酷在其首页上线了"优酷懂你"，向用户宣称看得越多其推荐的内容便会越符合用户的口味；腾讯视频上线了"你的专属频道"，通过算法为每位用户精挑细选量身打造个性化的内容频道；爱奇艺上线了"猜你喜欢"，以期借助于对过往浏览数据的挖掘找到用户可能会喜欢的同类内容；豆瓣的电影频道则专注于通过用户的"兴趣图谱"来挖掘标签体系和社交关系对于个性化影视作品推荐的巨大价值。事实上，未来的影视作品分发领域，版权和算法将是各大互联网企业能否在激烈的市场竞争环境下持续保持优势地位的两大关键要素。而随着数据挖掘、深度学习和人工智能技术不断地迭代进化，应用层面对于"千人千面"分发策略的不断完善也将推动着个性化推荐系统向着它的理想状态演进，从而使得内容平台方对用户的服务模式也逐渐从过去的主观臆断向基于数据的客观预测转变。

五、结语

在一篇题为《2018 年传媒业技术趋势报告》的文章中，未来今日研究所提到了传媒从业者应该重点关注的 75 个重要技术发展趋势，这其中的很多趋势与我们今天所提及的个性化推荐系统和智能算法息息相关，例如深度学习、机器阅读理解、计算传播学、5G通信网络等，这些技术都在以前所未有的程度影响着当前的影像内容乃至更多信息产品的分发模式朝着更加智能化的方向演进。举例而言，实时机器学习技术（Real–Time Machine Learning）意味着已经开发出来的计算机算法和智能硬件完全可以做到在获取数据的同时马上根据已经取得的这些数据调整相应的模型。在这样的前提下，真正称得上个性化的推荐算法就可以根据用户当前在手机应用的浏览速度、关注焦点，乃至用户情绪进行更加精准的内容推荐，或者实时调整页面的字体、颜色、风格以更适应不同用户的观看习惯。更有意思的一项研究是，科学家正在训练机器人观看电视节目，而且在观看了大量的视频以及电视剧之后，这台基于人工智能的机器人设备已经能够非常准确地预测视频中人物的下一个动作将要握手、击掌、拥抱或者亲吻了。这就意味着算法可以根据对影像内容的预测以及对用户需求的预测实时地调整其所推荐内容的播放速度以更加符合用户的观看体验。

无论是影像内容的分发环节，还是信息产品的产消流程，都将在已经开启的算法时代进行本质上的重构。推荐系统、人工智能、深度学习等技术创新背后的全新逻辑正在以更加广泛、更加深刻和更加具体的方式重塑着信息、内容、传播等领域的理论基础和现实基础，改造着我们通过媒体手段、内容产品和传播方式所建立起来的自身与他人之间的互动关系，并从根本上升华着每位用户的世界观和方法论。通过全新的算法逻辑和智能生态，推荐系统能更精确地依靠目标人群的兴趣图谱、用户画像和标签体系实现精准匹配，从而实现由"人找信息"到"信息找人"的本质性转变。因此在未来的理想化的内容分发和信息传播景观中，任何非智能化、非个性化的内容推荐都在一定程度上可以被视为某种信息噪声，而如何过滤这些噪声则是推荐系统不断进化的核心使命。

第七章

大众广告进化到计算广告

今天广告业的研究者和从业者正站在一个全新的分界线上，这条分界线的意义深远。在此之前我们更多的是以工业时代所建立起来的传播模式和营销思维来指导广告实践；在此之后，信息技术革命的狂飙突进将使我们对于广告、营销、产品、品牌和用户所面临的具体问题得出一些新的答案。这些问题和答案涉及广告营销的方方面面，包括但不限于我们怎样看待广告，怎样进行营销，怎样了解用户，怎样分析市场，这些内容共同构成了不同时代的产学研共同体所遵循的不同的营销观和方法论，用托马斯·塞缪尔·库恩的概念说就是"范式"。越过这条分界线，广告研究和广告实践便开启了一种基于数据、算法和人工智能的全新范式，我们将之称为计算广告范式或计算广告学范式。这种新范式所提供的答案并不全是对于经典广告理论和营销模型的否定，更重要的它是一种扬弃、重构和完善。新范式的开启同时也意味着经历了一个多世纪酝酿、奠基和发展的广告学科，真正开始从本质上与信息、数据、计算、算法等科学概念产生了有机的融合。换句话说，科学已经不再只是广告艺术的外衣，广告转而成了激活艺术化营销传播的科学。在我们越过这条分界线之后，将会越来越多地发现不但在广告营销行业，而且在更广泛的研究领域，传统的自然科学与社会科学之间曾经泾渭分明的界限都在变得越来越模糊。包括广告营销在内的社会科学领域对信息、数据、算法越来越依赖，甚至在根本上将它们看成是学科持续发展和不断创新的最核心要素。事实上，计算广告的新范式也是如此，未来广告学科的理论拓展、观念创新、思维迭代和方法再造都将高度依赖于这些与信息高度关联的全新的基础性资源。所有这些都意味着，在 20 世纪的各个年代发展起来的经典广告营销理论，都必须在新的范式下用数据思维和计算方法进行解构与重构。

一、理论的奠基：那些历久弥新的经典学说

（一）纸上推销术与科学的广告

"如果要写一部广告史，第一个必须写到的人一定会是约翰·E. 肯尼迪。因为直到今天为止，他所确定下来的原则仍然是每一位广告文案人员必须遵循的准则。"作为其曾经雇主罗德·托马斯广告公司大股东的阿尔伯特·拉斯克尔这句话毫不掩饰地强调了肯尼迪在广告史上的重要地位。事实上，正是拉斯克尔、肯尼迪和罗德·托马斯公司雇用的另一位著名文案撰稿人克劳德·霍普金斯在 20 世纪一二十年代所建立起的合作关系，使他们成为广告科学（科学派广告）的先驱式人物，从而开启了真正意义上的现代广告。1905 年（一说 1904 年）5 月某个晚上，罗德·托马斯高级合伙人A. L. 托马斯在准备起身离开办公室的时候收到了一位送信人带来的字条，上面写道："你并不清楚什么是广告，广告行业也没有人清楚，更没有任何一名广告人可以确定他们自己非常清楚。如果你想搞清楚，就

告诉这位信使让我上来，我此刻就在楼下大堂等着。"落款是约翰·E. 肯尼迪。托马斯让彼时已经是公司初级合伙人的拉斯克尔接见了肯尼迪，两人一直聊到次日凌晨3点钟。①

这次谈话给拉斯克尔留下印象最深的一句话就是肯尼迪后来为世人所共知的那句名言 Advertising is SALESMANSHIP – IN – PRINT（广告是印在纸上的推销术）。② 肯尼迪提出这个说法之前的西方社会，在1841年世界上第一家广告公司诞生之后的19世纪后半叶关于广告最流行的定义莫过于"广告是有关商品或服务的新闻"这种说法了，它仅仅把广告看成是一种与新闻传播相类似的告知手段。但肯尼迪却用敏锐的目光直接发现了广告最为核心的商业价值，并用 SALESMANSHIP 一词将广告作为服务于销售的重要手段这一使命揭示出来，它从根本上改变了流行于19世纪的广告理论，建立了20世纪的广告新概念，创立了广告促进销售的新策略。拉斯克尔很快就高薪雇用了肯尼迪，并在他的协助下通过创建独立的，也是广告史上最早的文案部来践行广告服务销售的理念。但这次合作时间并不长，肯尼迪不久就离开了罗德·托马斯。

1908年，拉斯克尔以更高的年薪18.5万美元③雇用了另外一位同样被认为是现代广告业奠基人的克劳德·霍普金斯，二人继续沿着 SALESMANSHIP – IN – PRINT 这一思路在商业广告的荒原上开疆拓土。霍普金斯比肯尼迪更加坚定地宣称，广告之所以存在的唯一

---

① 参考 Who Was John E. Kennedy? http：//www. scientificadvertising. com/authors/jek/。
② Jeffrey L. Cruikshank, Arthur W. Schultz, (2013). *The Man Who Sold America：The Amazing (but True!) Story of Albert D. Lasker and the Creation of the Advertising Century*. Harvard Business Press, pp. 54 – 56。
③ Hopkins, Claude C. (1960). *Scientific Advertising*. New York：Bell. p. 60。

理由和根本目的就是要实现销售某样商品的使命，并且它必须被其所产生的结果所测量和评估。他的这些广告主张和理念集中汇聚在了《科学的广告》和《我的广告生涯》两部著作中，它们共同构成了在今天广告从业人员中广为流行的《文案圣经》的主体部分，指引着人们写出更有销售力的文案。在这本书的介绍部分编辑写道："他（霍普金斯）在广告方面的每一个创举，比如优惠券、测试营销、文案调查、邮寄营销和免费试用等，都是围绕广告的效果来进行的。正是霍普金斯把广告变成了一门科学，摆脱了广告的盲目性……使之成为促进经济发展的重要手段。"① 正如广告营销领域的著名学者阿尔弗雷德·普利策所认为的那样，在如何有效进行广告方面，当今的广告研究要想获得克劳德·霍普金斯那样的巨大成就，还有很长的路要走。

在霍普金斯近百年之前的著作中，他所提倡的关注个体、注重销售、创造个性化广告、追踪广告效果等理念，无不与今天我们重点关注的计算广告理念相似相通②，甚至可以说他所开创的直邮广告是计算广告的早期雏形，这种形式的广告"追踪到的收益可以精确到每分每毫，每个回复的平均成本和每一美元销售额的平均成本都在追踪到的收益中精确地显示出来……经过这样的长期发展，广

---

① ［美］克劳德·霍普金斯：《文案圣经：如何写出有销售力的文案》，中国友谊出版公司 2017 年版，作者简介。

② 如霍普金斯说："我们必须着眼于个人，我们的广告对人也必须像我们平时与人面对面一样，以他们特定的需求为中心，就像每一个站在你面前的人都有特定的需求一样。无论你的生意有多大，都要脚踏实地地看待每一个个体，因为正是那些个体才使你的生意形成了规模。"这与计算广告个性化、场景化、精准化的理念如出一辙。

告营销成为一门精准科学。"① 而霍普金斯和拉斯克尔无疑是将广告视为一门精准科学的先驱者、开拓者和捍卫者。也正因此，二人被大卫·奥格威列入了"创造现代广告的六巨擘"行列，他在评价霍普金斯《科学的广告》一书的时候这样写道："除非你看过本书七遍，否则就不能进入广告界。"这也足见霍普金斯对奥格威等后来广告殿堂的关键人物所产生的重要影响。

（二）从独特卖点论到品牌形象论

在拉斯克尔、肯尼迪、霍普金斯等开拓者倡导的广告科学理念基础之上，广告业的后起之秀们结合工商业界和传媒业界的最新进展，进行了更多有益的探索和延伸，罗斯·瑞夫斯在 40 年代进一步发展出了 USP（Unique Selling Proposition/Point，独特销售主张）理论；大卫·奥格威在 60 年代进一步发展出品牌形象理论；艾·里斯和杰克·特劳特在 70 年代进一步发展出了品牌定位理论。在传播学领域，1948 年使拉斯韦尔声名鹊起的 5W 传播模型初步奠定了传播学研究的基本范畴和层面，也成为广告领域的从业者们探讨新的广告理念和理论的重要思想来源，并为后来不同时期广告理论的发展都注入了传播学的视角。

瑞夫斯是科学派广告的继承者和卫道者，他也一直以霍普金斯的信徒自居。与拉斯克尔和霍普金斯的理念相同，瑞夫斯对广告的目的是达成销售这一观点深信不疑，并坚持认为商业广告应该向用户炫耀产品的价值或独特卖点。他自始至终强调广告活动要多些科学成分少点艺术要素，甚至曾经略带偏激地认为"创意"是广告活

---

① ［美］克劳德·霍普金斯：《文案圣经：如何写出有销售力的文案》，中国友谊出版公司 2017 年版，序言。

动中极为危险的一个词语。经过半个多世纪的发展，USP 理论已经成为全球广告营销战役开始之前的必备策略之一，所有的执行者必然会问的一个问题就是：这款产品的独特销售主张是什么？在《实效的广告》一书中瑞夫斯认为："这个独特卖点必须是竞争对手没有或者无法提供给用户的，它要足够独特到以至于不管是在品牌层面还是在主张层面其他广告都不能产生与之相同的效果。"[①] 这也就意味着，一个清晰而独特的销售主张要能够帮助用户理解同一品类中不同品牌之间的差别，使他们形成对于品牌的积极态度并最终提升品牌的记忆和回想效果。尽管瑞夫斯本人并不喜欢过分强调广告创意，然而广告创意人却非常喜欢瑞夫斯所提出的 USP 理论，并将之奉为进行广告创意和策划的重要法则。瑞夫斯的 USP 理论成为了整个 20 世纪广告史上一个最早形成广泛且实际影响力的广告营销理论，成为无数广告从业人员铭记于心的"金十字架"。

同样继承了霍普金斯和拉斯克尔衣钵的英裔广告大师奥格威在他的广告生涯中，也格外强调广告所必须承担的销售功能："做广告是为了销售产品，否则就不是做广告"；"一个广告和另外一个广告之间的差异是用销售力的尺度来衡量的，它可以是 19：1"。这种观念的形成与他在创办奥美之前担任推销员和调查员的经历有着必然的关系，这期间他写出了被《财富》杂志称为"有史以来写得最好的销售手册"，并有三年多的时间受聘于盖洛普民意调查机构在全球范围内为好莱坞进行客户调查。这段经历直接塑造了奥格威的市场观和方法论，对他后来形成的品牌形象理论也产生了极大的影响。

1928 年乔治·盖洛普完成了他的博士毕业论文《确定读者对报

---

① Rosser Reeves（1961）. *Reality in Advertising*. Macgibbon and Kee. pp. 46 – 48。

纸内容兴趣的客观方法》，1930年他发表了另一篇重要论文《用科学方法而不是猜测来确定读者的兴趣》，1935年他又以自己的名字命名创办了全球第一个客观而科学的民意调研机构。直到1984年去世，这家调研机构深刻地影响了政治学、新闻学、传播学以及广告学的调研方法和实践方法的走向，盖洛普本人也因其在市场调研方法层面的巨大影响力先后进入大众传播名人堂和广告名人堂。1938年加入盖洛普调查公司后所从事的工作，不但锻炼了奥格威的能力，而且也使他更加相信自己对于市场的判断力和对于消费者的洞察力，这为他在1948年创办奥美广告公司打下了坚实的基础。经过70年的风雨历程，最初只有两名员工的奥美已经在全球100多个国家和地区设有了359个分支机构，而它的创办者奥格威也因其对全球广告业的巨大影响而被称为"现代广告教皇"，奥美、奥格威、品牌形象论也经常被全球广告人放在一起进行讨论学习。

　　尽管奥格威本人一再强调广告的销售功能，品牌形象论也重点突出了品牌作为一项投资对于企业整体销售和长远利益所带来的巨大价值，但这一广告理念对拉斯克尔和霍普金斯所倡导的科学广告理念来说，依然有着革命性的颠覆作用。其原因主要在于品牌形象论将对品牌的长期投资放在了首要的位置，从而开启了广告营销领域长达半个多世纪的争论：是要长期利益还是短期利益？是要品牌形象还是销售业绩？是要广告创意还是要客观数据？之所以存在这样的争论，是因为大家普遍认为品牌作为一种资产，其整体价值可以被测量，其各个组成部分的实际效用可以被评估，[①] 但在实操层

---

　　① Kevin Lane Keller（1993）.*Conceptualizing，Measuring，and Managing Customer - Based Brand Equity*.Journal of Marketing.57（1）: pp.1 - 22。

面，品牌资产对销售业绩所带来的价值在多大程度上能够被评估和测量却是一个大大的问号。对品牌形象广告的过分注重和巨额投入带来了另外一位著名广告人约翰·沃纳梅克所提出的广告营销界的哥德巴赫猜想问题：我知道广告费用的一半被浪费了，却不知道是哪一半。也正因此，品牌形象论在后来非但没有成为科学派广告的理论支撑，反而成为创意派广告用来刻意区分品牌广告和实效广告的得力工具。

（三）定位语境下的 4P、4C 组合

与品牌形象理论一脉相承的品牌定位理论试图在品牌塑造和促进销售之间进行平衡，它强调了品牌必须通过不同于竞争对手的差异化定位的方式在消费者脑海中占据某个位置。艾·里斯和杰克·特劳特被普遍认为是定位理论的提出者，1969 年特劳特在《工业营销》杂志发表了第一篇介绍定位理念的署名文章《定位：同质化时代的竞争之道》，文章较为详细地介绍了里斯公司的营销策略。1972年《广告时代》杂志先后刊登了里斯和特劳特的系列文章《定位时代的来临》，不久后这些系列文章被整理成系统介绍定位理论的单行本广为流传开来，[①] 定位理论也成为"有史以来对美国营销界影响最大的观念"。

除了定位理论之外，营销领域的很多其他理念和工具也都被广告人用以指导他们的广告作业流程，尽管侧重点有所不同，但毕竟广告与营销之间存在的交集太多、关联太密切、目标太相近。1960年杰罗姆·麦卡锡提出了一种全新的营销组合深深地影响了营销实

---

① T. Ellson (2004). *Culture and Positioning as Determinants of Strategy：Personality and the Business Organization*. Palgrave Macmillan UK. p. 260。

战领域和学术领域，① 他在《营销基础：一种营销管理方法》这本教材中给出了服务于营销决策的4P理论及其基本框架：这一营销组合主要包括产品、价格、渠道和促销。② 在这个营销组合中，广告被视为促销手段的重要方式之一。而在广告实践中，从业者在进行策划、创意和传播的时候，他们所涉及的范畴已经远远超出了广告本身，综合性的广告公司往往会在向广告主进行提案的过程中以广告为出发点，同时使用到4P营销组合向广告主提供更全面的营销建议和执行方案。

1990年，北卡罗来纳大学新闻传播学院的广告学教授罗伯特·劳特朋在一篇题为《4P退休4C登场》的文章中介绍了另一种新的营销组合框架，这是一个以消费者为中心的4P营销组合的新版本，其主要目的是试图顺应大众市场向利基市场转变的时代趋势。③ 4C理论将消费者、成本、便利和沟通四大要素与4P理论中的四大要素进行对应，强调了以消费者需求为中心的营销沟通方式。这种理念的转变尽管没有如它预期的那样更加真正地关注利基市场，但它的确充分反映了大众市场在供求关系层面发生的根本性转向，即从产品本位主义向消费者本位主义过渡。在这样的背景下，广告所沟通的对象依然是大众媒体的受众，广告对销售所起的作用依然是通过AIDMA④ 五个步骤来完成的。尽管4C理论相比4P理论更加关注广

---

① G. Dominic (2009). *From Marketing Mix to E – Marketing Mix*：*A Literature Review*. International Journal of Business and Management. 9 (4)：pp. 17 – 24。

② E. Constantinides (2006). *The Marketing Mix Revisited*：*Towards the 21st Century Marketing*. Journal of Marketing Management. 22：pp. 407 – 438。

③ B. Lauterborn (1990). *New Marketing Litany*：*Four Ps Passé*：*C – Words Take Over*. Advertising Age, 61 (41)：p. 26。

④ Attention 注意，Interest 兴趣，Desire 欲望，Memory 记，Action 行动。

告活动中与消费者进行更加有意义的平等沟通和良性互动，但实际上它并没有本质上的突破与超越。

1992 年，劳特朋教授与美国西北大学的教授唐·E. 舒尔茨教授和斯坦利·田纳本教授共同出版了《整合营销传播》一书，尽管这本书再一次强调了 4C 对 4P 的取代作用，但实际上它更重要的意义在于大力地推广了整合营销传播这一理论。很快，整合营销传播以其简单明了的核心理念 Speak With One Voice 而在营销界和广告界的从业人员脑海中形成了深刻的印象，成了整个大众传播时代广告营销理论的集大成者，舒尔茨也成为整合营销学派的经典代言人。整合营销传播这一概念以其本身较强的张力，将过去一个世纪广告领域、传播领域、营销领域的主要观点整合在一起，将焦点聚焦在通过整合包括标准广告在内的多种手段来满足组织的传播需求[①]这一个点上，在这方面无疑它是成功的。如果它是在大众传播时代刚刚开启的时候提出来的，那么它一定会获得更加真实而广泛的影响力。2000 年之后，大众传播和大众广告迅速地走上了转型的轨道，Speak With One Voice 的方法论无法被新的碎片化、个性化和差异化的消费市场所接受。新的媒介、新的供求、新的用户……意味着广告营销领域在理念和方法上都需要新的突破。

二、广告营销的技术革命：从洞察到认知

（一）关于广告效果的争论

回顾 20 世纪的广告理论发展脉络，我们能够清晰地发现广告业

---

① J. Kliatchko (2008). *Revisiting the IMC Construct: A Revised Definition and Four Pillars.* International Journal of Advertising, 27 (1): pp. 138 - 139。

的先驱们在其发展初期就已经确定了广告作为销售工具的基本属性。然而也必须看到，对于广告是否真正很好地实现了其销售效果、达成了其销售使命的争论，其实在肯尼迪提出"广告是印在纸上的推销术"这一理念的时候，就已经为科学派广告和创意派广告的分歧埋下了深深的伏笔，并最终被沃纳梅克总结为那句通俗但经典到无法超越的语录：我知道广告费用的一半被浪费了，却不知道是哪一半。这句话经常被广告学界业界、业内业外的人们拿来当作笑谈，但它生动直白地击中了 20 世纪大众传播语境下广告研究和广告实践所面临的最根本的理论难题和技术困境。

在大众传媒发展的早期阶段，无论是广告人、广告主还是用户都普遍认为广告的目的就是销售、广告对于销售的促进作用是有着显著效果的；而随着大众传媒业、广告业和工业经济的快速发展，学术界和产业界逐渐发现广告效果的"魔弹论"越来越难以奏效，广告公司也无法清楚地向它的雇主解释究竟广告对销售起到了什么样的作用，在多大程度上达成了绩效目标。在新的市场环境、信息环境和媒介环境下，缺乏重大的理论建树和技术突破，成为建立在工业经济和大众传媒基础逻辑上的 20 世纪广告业继续保持高歌猛进姿态的最大发展瓶颈，并直接导致了传统 4A 广告公司版图在大数据、云计算和智能媒体语境下的分崩离析。

实际上，通过对 20 世纪不同时期的广告理念和策略的历时性研究，我们发现每一种不同的广告学说/假设的产生和流行，都是与当时的大众媒体发展状况和市场经济供求关系紧密相连的，也都在一定程度上受到了彼时广告业界和工商业界的认可甚至推崇，并因为市场的检验和事实的佐证而在不同程度上反映了当时当地的广告生态。例如，霍普金斯致力于提升广告的科学性，但当时广告对于产品销量的提升究竟是因为其精雕细琢的广告文案，还是因为早期的媒体受众对广告与新闻之间的区别还有些傻傻分不清楚，抑或是因为工业产品本身的供不应求导致消费者在接触到广告信息之后便直接做出了购买决定？事实上，无论是早期的科学广告说、实效广告说，还是中期的品牌形象论、产品定位论，再或者是晚期的 4C 营销组合、整合营销传播等，都无法用真实的数据、客观的标准和显著的效果证明是广告对于销售起到了直接的作用。

客观来说，这并不是由于广告从业人员的能力造成的，而是由于大众传播媒介本身的局限导致的。无论借助于报纸杂志还是广播电视，广告主和广告公司都无法真正掌握广告受众或媒体受众太多具体的信息，它既无法准确地统计具体每一位用户的个性化需求，又不能生动地对他们每个人进行清晰的用户画像。因此，在模糊的市场观中形成的方法论，也只能是针对受众是无差别的同质化群体这一假设而形成的，并最终形成了基于盖洛普抽样调查模式的量化研究方法和基于 4A 广告公司市场洞察模式的经验主义研究方法。广告公司非常清楚，对消费者的充分了解是他们能否在日益激烈的市场竞争中生存下来的关键，类似智威汤逊（JWT）这样的广告公司很早就开始通过市场调查的方式来洞察用户的品牌消费行为以便向广告主提供更合适的广告策略，① 尽管很多时候广告公司会对抽样调查得出来的数据和结论进行修正以使之更符合他们对消费者的"深刻洞察"。

---

① R. D. Petty（2016）. *A History of Brand Identity Protection and Brand Marketing*. Routledge. p. 108。

可以说，20世纪建立在工业制造和大众传播基础之上的广告模式和广告理论，在策划、文案、创意和媒介等广告流程的"洞察"环节上倾注了占绝对优势的人财物资源，以至于无论业内还是业外的很多人在谈论广告的时候首先要想到创意，却有意无意地避开了它在最本质上应该作为一个为达成销售而服务的科学手段这一核心属性。就连在广告领域从事市场调查工作的毕业生，除了要具备市场营销学、统计学、社会学、消费者行为学等课程的专业知识之外，都要强调他们还应该具备"创意性思考"的能力①。大众传播媒体在数据采集技术和用户跟踪技术等方面的局限，是广告无法借助于测量或验证方式从根本上科学起来的客观原因。

（二）品牌传播 vs 销售导流

直到今天，对于广告应该在多大程度上承担销售功能的争论依然还在沿着科学派与创意派的分歧继续走下去，这也就是在当下的互联网和移动互联网环境中所体现出来的效果广告与品牌广告的区别。传统大众媒体、广告公司、公关公司偏重品牌促进增长的营销方式，通过品牌广告塑造的经典形象为企业和产品带来持续关注度、美誉度和忠诚度带动销量，但它不强调广告与销售之间的直接必然关联。《当代广告学》对于广告概念的界定很好地反映出了品牌广告的功能和价值："广告是由可识别的出资人通过各种媒介，通常是有偿的、有组织的、综合的和非人员性劝服的，进行有关产品（商品、服务或观点）的信息传播活动。"② 这个定义意味着，广告（尤其是

---

① MichaelBoudreaux（1984）. *Prepare for Your Future in Marketing, Your Interviews, and Something 'Extra'*. Marketing News（2）: pp. 3 - 4。

② ［美］威廉·阿伦斯、迈克尔·维格尔德、克里斯蒂安·阿伦斯：《当代广告学》，丁俊杰、程坪、陈志娟等译，人民邮电出版社2013年版，第2页。

品牌广告）的本质功能是一种品牌告知和信息传播活动。"广告的根本目的是广告主通过媒体达到低成本的用户接触……进而影响其中的潜在用户，使他们选择广告主的概率增加，或者对产品性价比的苛求程度降低。"① 这种思维直接影响了早期互联网广告的理念与实操，无论是媒体、广告主还是广告公司在互联网发展初期都仅仅是把互联网广告视为大众媒体广告的一种线上形式，并仍然坚定不移地认为网络展示广告的主要目的是对品牌认知的一种支持。②

在近些年的实践过程中，新兴的数字化媒体和网络营销公司更加强调在互联网和移动互联网的应用场景中，以精准投放为手段、以销售效果为导向，对广告所带来的销量进行更精细化和集约化的运营。"在新媒体时代，人类的行为和态度可以通过数据的形式呈现出来，如果能够对数据进行采集、分析、探索及应用，就能做到精准营销，引导广告商将资金投向有需求的特定受众，不仅可以帮助广告主省下大批的预算投资，还能够在精准定义市场需求的基础上提升广告效果。"③ 之所以发生这种转变是因为，传统媒体广告投放的总投入容易确定，但总产出很难衡量，然而在互联网广告投放的场景下它的总投入和总产出都有非常直接的数据作为支撑，广告曝光之后的用户点击、下载、注册或者购买行为都能够被记录、收集和分析，这些数据可以作为调整或优化广告投放策略的客观依据，

---

① 刘鹏、王超：《计算广告学：互联网商业变现的市场与技术》，人民邮电出版社 2015 年版，第 7 页。

② Robinson. (2007) *Marketing communications using digital media channels*, in Chaffey, D. and Chadwick, F. E. (2016) *Digital Marketing: Strategy, Implementation, and Practice*. Pearson Education Limited. pp. 515 – 522。

③ 杨扬：《计算广告学的理论逻辑与实践路径》，《理论月刊》2018 年第 11 期，第 162~167 页。

从而帮助企业的营销人员不断提升广告活动的投资回报率（ROI）。

这也恰恰正是数据驱动的效果广告在 2010 年后席卷全球营销领域的重要原因所在。尽管效果广告发展迅速，但我们仍然面对着这样的一个现实：大多数广告主对营销总监、市场总监甚至运营总监的招聘要求还依然停留在过去的"品牌总监"逻辑中，即使这个总监有可能不懂互联网、移动互联网、效果广告投放以及线上线下流量转化等运营策略，知识结构的老化和技术基因的缺乏正在成为很多企业在新的环境中谋求转型的限制因素。互联网尤其是移动互联网快速发展所带来的营销进化是一种质变，它意味着广告不仅仅是在用户面前的呈现和曝光，更重要的是他们能够立即在手机端通过点击广告、跳转到产品或品牌的着陆页、完成在线下单支付等几个简单步骤从而实现最终的销售效果。也就是说，移动互联网广告的营销效果因为让用户增加了一个闭环型的点击购买动作而变得更具备可测量性。

基于大众媒体的品牌广告"无法实现即时场景、即时即刻的用户购买，而基于移动端的效果营销必然是转化链更短、效率更高也更为先进的营销模式……在移动互联网时代，一切传播形式都具备导向购买（或下载、注册等用户行为）功能，这是一个根本的思维取向。如果不能导向购买，则不叫效果营销"①。因为技术的进化已经极大地压缩了从广告曝光到购买决策的时间和空间，这对于广告促进销售的效果提升至关重要。一条广告信息从打动用户到触发他的购买冲动往往只是转瞬即逝的几秒钟时间，如果广告活动能够在当时当下解决从曝光到购买的转化问题，那就意味着它可以完成即

---

① 杨飞：《流量池》，中信出版社 2018 年版，第 27 页。

时销售，而不需要像传统广告那样经历"曝光—关注—理解—接受—保持—决策"这一系列漫长的时间周期和空间距离。否则，在快节奏的信息环境下，一旦用户因为无法直达交易页面而跳出当前场景，在经历了一段时间的保持期、遗忘期或者冷静期之后，广告直接促进销售的效果必然因为丧失最佳的交易窗口期而大打折扣。这也就是为什么传统大众媒体的品牌广告无法向广告主承诺销售业绩而仅仅是强调其信息传播功能的主要原因。

（三）新技术造就新思维

"从传统大众媒体向数字化媒体的转变，使得广告营销活动能够更容易地获取、存储和分析数据，从而大大提高了数据的利用效率。"① 借助于前沿的数据技术对用户行为数据和消费数据进行分析和挖掘，能够在个体层面上对不同用户的兴趣、偏好和需求形成更加客观和全面的认知，而不是仍然使用经验主义的方法在市场调查获得样本数据基础上进行主观的用户洞察。由于用户各方面的数据处于不断更新的状态之中，因此对用户所形成的认知也会随着数据的更新而处于一个动态完善的过程中。借助于大数据所形成的用户画像，营销人员及其所使用的程序化软件可以对不同时间、不同地点、不同状态、不同场景和不同情绪下的用户实施不同的广告投放策略。这使得全新环境下的精准营销技术越来越强调广告本身与用户需求之间的相关性②，相关性越高，广告投放的精准程度也就越高，用户点击并完成购买的转化率也就越高。

---

① Robert Blattberg, Kim Byung-Do, Scott Neslin, (2008). *Database Marketing: Analyzing and managing customers*. Springer Science and Business Media. pp. 3–10。

② Jeff Zabin, Gresh Brebach (2004). *Precision Marketing: The New Rules for Attracting, Retaining and Leveraging Profitable Customers*. John Wiley & Sons, Inc.. p. 47。

　　从本质上来看，大数据思维和技术在广告营销领域的应用，正在从底层逻辑上对大众媒体时代的市场调研方式和消费者洞察方式进行解构，它在很大程度上克服了市场分析和广告投放等方面的经验主义倾向，为我们在广告营销领域建立更加客观的认识论和更加实效的方法论提供了新的思路。具体而言，大数据作为一种全新的思维和应用而不仅仅是一种网络技术和统计方法，它对我们从经验主义的洞察模式向数据主义的认知模式转变主要有两方面的影响。一方面，市场分析的对象从有限样本扩展到了总体用户，它解决了过去 4A 广告公司市场洞察太过主观的弊端："由于无法穷尽一切样本，因而无法保证结论的可证伪性，以致很多形而上学命题带有较大的偏见。"① 另一方面，它更加注重呈现不同变量之间可能存在的相关关系，这也就意味着营销人员能够发现更多非线性因果关系但的确在事实层面上直接影响用户购买和产品销售的客观因素，并进一步利用包括广告在内的一切手段对这些因素施加影响从而提升营销活动的效果。

　　这都使得营销人员有机会能够对市场、用户、产品有更加客观、更加理性和更加全面的认知，并且利用大数据分析和计算的方法有针对性地将不同的产品信息个性化地匹配给不同的用户。事实上，用户需求的个性化和差异化特征并不是直到今天才呈现出来的，在市场经济从卖方市场向买方市场转变的时候它就已经萌芽，但工业社会的大规模生产、传播和营销方式并不支持低成本的、面向具体用户的产品定制、信息定制和沟通方案定制。尽管理论上营销人员

---

　　① 段虹、徐苗苗：《论大数据分析与认知模式的重构》，《哲学研究》2016 年第 2 期，第 105～109 页。

可以对市场进行无限的细分，但在技术层面和经济层面都无法将这种理想状态落地。直到计算机技术、互联网技术和大数据技术在21世纪的第一个十年取得了突飞猛进的发展，计算广告概念的出现才在技术应用层面上对这种个性化的营销策略予以确认。

在美国的计算机协会和美国工业与应用数学学会联合举办的世界计算机算法最权威的离散算法研讨会（Symposium on Discrete Algorithms，SODA）第十九次学术年会上，时任雅虎研究院资深研究员的安德烈·扎里·布罗德较为系统地介绍了计算广告与推荐系统等概念，不久后他与另外一位同事又在斯坦福大学开设了计算广告学导论的课程。可以说，计算广告这一概念是在互联网技术和互联网广告快速发展的前提下，由具有计算机科学、数据科学、数学算法等背景的互联网广告一线科研和从业人员——而不是那些在传统大众媒体广告领域的创意、策划、投放人员或者广告学术研究者——率先总结提出并迅速与产业实践结合的一个应用型概念。虽然没有对计算广告的基本定义及其内涵和外延给出清晰的界定，但是他在这次学术研讨会上以及不久后参加的几个不同的关于推荐算法的研讨会上都明确提出了"计算广告的核心挑战是为特定场景下的特定用户找到一个合适的广告，以实现'最优'匹配"。（The central challenge of computational advertising is to find the "best match" between a given user in a given context and a suitable advertisement.）[①]

计算广告理念是对20世纪初拉斯克尔和霍普金斯等人提出的科学广告理念的一种新的诠释，但计算广告与科学广告两个概念所赖

---

① Andrei Z Broder（2008）：*Computational advertising and recommender systems*. Proceedings of Recsys 08 Acm Conference on Recommender Systems，Oct 23 – 25，2008。

以存在的基础是不同的，后者是建立在大众传播时代对市场深刻洞察的基础之上的，而前者则是建立在网络传播时代利用大数据对用户进行全面认知的基础之上的。

三、计算广告学：新时代的广告新科学

（一）数据与算法提升精准度

"广告传播就是建立在各种计算的基础之上的，一切的计算都是围绕着目标人群展开的……计算是内置于广告中的一个核心的理念，广告就是在计算的基础之上展开其传播活动的。"[1] 无疑，计算广告因为其数据化、精准化、定向化、场景化、动态化和智能化等特征，将广告活动的客观性、实效性和科学性提升到了一个全新的高度。也正因此，计算广告的概念一问世就引起了国内外广告产业界和学术界的广泛关注。比起程序化广告的概念，计算广告以其明确的理念主张和丰富的理论内涵对广告研究者有着更强的亲和力，而程序化广告则因其较强的技术性、应用性和限定性缺乏一定的理论高度和外延宽度，因此当广告业界和学界将关注焦点从程序化投放逐渐扩展到大数据和人工智能等技术在广告创意、策划、传播、反馈等各个环节的时候，计算广告的概念张力要远远比程序化广告强很多。

越来越多的广告公司和广告主可以通过更加先进的技术获得更强大的数据挖掘能力和计算能力，而这种巨大的变化发生的速度简直快到令人难以置信，在不到十年的时间里，大数据思维和应用已经在各个行业遍地开花。新的营销机构不断地去教育那些工业时代

---

[1]　颜景毅：《计算广告学：基于大数据的广告传播框架建构》，《郑州大学学报（哲学社会科学版）》2017 年第 4 期，第 150～154 页。

的广告公司和广告主如何使用计算广告相关的新技术和新方法。对于广告公司和广告主而言，所谓的"计算广告"更多的是指我们如何在总体用户和总体产品的海量数据中"计算"出具体用户需求和具体产品供给之间高度相关的匹配关系，这个过程是对数据的获取、加工和产出过程。事实上，传媒和广告领域的从业者已经开始大规模地利用数据挖掘技术为用户量身定制更有吸引力的广告信息和媒体内容，我们正在从使用特定传统媒体手段传播信息的模式向使用技术手段在最佳的时间和地点针对定向用户传播定制化信息的模式过渡。①

"数据成为互联网广告组织运作的核心要素，贯穿于互联网广告的全流程，数据的来源、质量和算法决定了广告匹配的效率，也决定了计算广告的交易价格与价值，因此成为计算广告最大的驱动力。"② 在大数据的海洋里，我们可以将沃纳梅克的经典名言改造为"我们的数据有一半以上都是垃圾，只不过我们不知道是哪一半"，但我们可以将过滤掉垃圾数据并发现有效数据的过程交给计算机程序来完成。这个困境的解决也就意味着我们能够通过数据主义和计算主义的方式解决广告预算浪费一半的难题，从而实现广告客观性和科学性的提升。

建立在大数据基础之上的计算广告之所以将广告活动在科学角度提升了一个台阶，是因为无论对于营销活动所处的外部环境还是

---

① Nick Couldry, Joseph Turow（2014）. *Advertising, Big Data, and the Clearance of the Public Realm: Marketers' New Approaches to the Content Subsidy*. International Journal of Communication.（8）: pp. 1710 – 1726。

② 马澈：《关于计算广告的反思——互联网广告产业、学理和公众层面的问题》，《新闻与写作》2017 年第 5 期，第 20 ~ 26 页。

对于作为营销对象的用户内心，它都建立起了更加全面而清晰的认知。互联网、大数据、人工智能、机器学习等全新的信息科技使得我们对于广告活动的判断和决策越来越明智，广告营销的效果也变得越来越明显。可以说整个营销领域的外部环境和内部规则都正在被计算广告所改变和再造，但这种重构依靠的不再是传统广告人所擅长的策划、创意、文案等洞察能力，而是建立在数据科学家和算法工程师更加严谨的数据处理和算法匹配等全新能力基础之上的。我们正见证着一次划时代的、前所未有的广告营销革命，这是一场从大众营销向精准营销的变迁，后者在不断继承前者所积累的理论及实践精髓的基础之上，重新构建着属于信息社会的广告营销新科学范式：计算广告学范式。

（二）营销能力的升级再造

关于科学范式，美国著名科学哲学家托马斯·塞缪尔·库恩主要用这个概念来指那些在一段特定时期内界定了一项科学规则的理念和实践。在那本影响了当代科学进程的《科学革命的结构》一书中，库恩认为一种科学范式通常被认为是在一段时间内为某一实践共同体成员提供问题模型和解决方案的科学成就[1]，它包括了一个共同体成员所共享的信仰、价值、技术、基本模式、基本结构和基本功能等，是具体某一科学领域研究者和从业者从事日常研究和业务活动的理论基础和实践规范，即认识论和方法论。当然，无论对于全球的整体科学界还是对于任何一个具体的科学领域，尽管其科学范式有较强的稳定性，但它并不是一成不变的，库恩把这种从旧

---

[1]　Thomas Kuhn（1962）．*The Structure of Scientific Revolutions*，1st edition. University of Chicago Press. p. 10。

的范式向新的范式的变革过程称为"范式转换"。范式转换意味着理论基础、思维逻辑和实践方法发生了本质的变化，新范式与旧范式不再享有共同的认识论和方法论，过去所积累起来的经验精髓和应用策略可能无法适应新技术、新环境和新世界的需求，不断涌现的新现象、新思维、新知识和新理论在现实层面上逐渐打破了原有的研究假设和基础法则，从而使得科学/学科的基础理论和应用逻辑发生了根本性的调整或颠覆：新的范式及其研究者必须承诺能够最大限度地对不断涌现的明显且广泛的具体问题提供全新的解决方案①。

　　在我们所处的这样一个时代背景之下，科技革命正是范式转换的核心驱动力，近三十年来的互联网浪潮和人工智能进化已经解构了太多具体科学领域的思维方式和行为方式，包括广告科学在内。在广告营销领域，工业时代确立起来的旧范式正在瓦解，那些我们曾经习以为常的营销方式和广告策略在信息时代已经无法奏效，"有些知识我们曾经坚信不疑，视它们为权威机构最坚不可摧的基础。然而如今，这些知识也遇到了质疑，从而使得这些机构都受到了冲击"②，典型的如全球性4A广告公司及其赖以存在的策划、创意和媒介购买体系，在面对移动互联网的冲击之时已经到了捉襟见肘的地步。无论广告营销的产业界还是学术界，我们都应该清醒地意识到，当获取、保存、传播、交互、生产和消费信息的媒介和方式发生变化的时候，广告营销的基本法则也发生了相应的改变，这时候在旧世界的废墟上建立新范式已经成为当务之急。

---

① Thomas Kuhn（1962）. *The Structure of Scientific Revolutions*, 1st edition. University of Chicago Press. pp. 168 – 169。

② [美]戴维·温伯格：《知识的边界》，胡泳、高美译，山西人民出版社2014年版，第8页。

　　对于广告科学而言，新范式区别于旧范式的最大特点在于它是以当前科技革命的核心技术集群及应用成果为基础的，其所有理论拓展和应用创新都离不开对互联网、移动互联网、大数据科学、人工智能科学等技术手段的运用。而这也恰恰正是旧范式先天存在的最大缺陷，它直接导致了旧范式无法为层出不穷的新营销问题提供可行的解决方案。2018年3月的《经济学人》商业板块一篇文章直截了当地宣称科技已经取代了世界广告巨头，而像WPP这样的传统4A公司在技术的冲击下面临着改变其商业模式中陈旧和低效等元素的巨大压力。具有数字化专业知识的咨询公司正在与各大广告公司展开竞争，认为他们知道如何通过数据、机器学习和应用程序更好、更便宜地与消费者建立联系；谷歌和脸书这样的互联网企业可以通过强大的网络力量让大大小小的公司通过它们的平台轻松地投放广告；亚马逊等电子商务网站以及互联网时代直接面向消费者的新兴企业影响力越来越大，这削弱了广告巨头的分销能力和议价能力……①

　　总之，技术力量正在突破大众传播时代形成的广告营销旧范式，并"已经成为广告业的核心生产力……健全和加强广告管理，必须研究新的技术变化，运用数字技术，改变管理理念和方法"②，也就是建立广告科学的新范式。对于旧范式及建立在其基础之上的广告公司、广告主、研究机构和从业者们而言，与其悲观地认为这是一场知识、理论乃至范式的危机，不如乐观地将新范式看作对自身知

①　*Mad Men Adrift*: *Technology Has Upended the Business Model of the World's Advertising Giants*. The Economist. March 31st 2018. p. 64。

②　陈刚:《技术成为广告业的核心生产力》,《中国市场监管报》, 2019年1月3日。

识结构和营销能力的一场提升与再造。比起过去，计算广告学的新范式虽然对营销人员提出了更综合性的能力要求，但它正在拓展广告学科和广告实践的视野，从而使其更加客观、科学、透明、有效和友好。

（三）从魔法艺术到广告科学

计算广告作为广告营销进化过程中的一种广告形态或发展阶段，是互联网媒体进行精细化流量管理和广告主进行集约化预算投放的必然要求。从杨致远 1994 年创办雅虎公司将互联网广告比喻为"伫立在高速公路两旁的广告位"，到国内外各大互联网巨头的大量程序员和工程师不断对流量进行拆分、对算法进行优化、对用户进行定向，这个过程不但是一个广告媒介迭代的过程，也是一个广告技术变革的过程，更是一个广告思维和范式转换的过程。

在 2008 年之后，计算广告作为一个逐渐被接受和认可的概念越来越多地出现在算法工程师、数据科学家、互联网从业人员、广告从业者和广告主的视野中。尽管布罗德对计算广告概念的普及起到了非常重要的作用，但实际上彼时计算广告技术在互联网商业模式中的实践应用已经成为一种较为普遍的现实（如雅虎、谷歌、百度、腾讯等都开发了广告精准投放系统），并已经极大程度地提升了广告投放的准确程度和触达效果。然而关键词优化、实时竞价、程序化购买、个性化推荐等概念尽管遍地开花，却无法将广告领域最新的技术创新提炼升华为更具有普适性的理念结晶，亦即形成一种广告营销的新范式。因此，计算广告和计算广告学所承载的重要使命与其说是引导营销形态的实践探索，毋宁说是助推广告科学的范式转换。事实证明，过去十年计算广告理念和应用的普及已经为这种范式转换打下了坚实的基础，今天，无论是互联网从业者还是大众媒体从业者，无论是广告公司还是广告主，他们在从事广告营销活动的过程中无时无刻不在思考的一个共同目标就是"运用计算能力实现海量用户与海量广告之间的精准匹配，也就是在合适的时间、合适的地点以合适的频次、合适的方式将合适的广告投放给合适的用户"①，这种比较一致的共识意味着广告科学的新范式已经初具雏形。

而在此之前，广告活动还是一种建立在过去经验积累和大胆猜测基础之上的魔法艺术（Black Art），忽然之间广告主就能够将信息高度精准地定向投放给那些对具体话题感兴趣的个体用户了。这样，广告将不再是一种妖术，而是一种方兴未艾的科学。② 随着互联网的进化和大数据技术的运用，越来越定向化、互动化和友好化的广告设计及投放方式将会对互联网经济乃至整个社会的发展方式产生巨大的影响。深深扎根于数学、数据和算法基础上的计算广告方法变得越来越必要且将作为一种基础性工具继续深化发展下去。③ 随着近几年大数据、人工智能、机器学习等技术与广告活动各个板块、各个环节的深度结合，新范式下的新思维、新技术和新应用早已经远远超出了互联网广告的程序化投放这一特定领域，而扩展到了几

---

① Kevin Kelly（2008）. *Computational Advertising*. January 15，2018. https：//kk. org/the-technium/computational – advertising/。

② *The New Science of Computational Advertising*. MIT Technology Review. June 12，2012. https：//www. technologyreview. com/s/428174/the – new – science – of – computational – advertising/。

③ Shuai Yuan，Ahmad Zainal Abidin，Marc Sloan，Jun Wang（2012）. *Internet Advertising：An Interplay among Advertisers，Online Publishers，Ad Exchanges and Web Users*. arXiv：1206. 1754. Jun 2，2012。

乎所有主要媒体形式和所有主要广告环节中，因此我们看到建立在数据挖掘和计算能力基础上的精准化用户画像、程序化文案创意、智能化视频生成、互动化广告沟通等新工具大行其道。在这样的智能媒体和智能营销语境下，我们就可以清晰地对广告科学新范式中的两个核心概念进行界定："计算广告是根据特定用户和特定情境，通过高效算法确定与之最匹配的广告并进行精准化创意、制作、投放、传播和互动的广告业态……计算广告学是广告学领域新近兴起的一个分支学科和交叉学科，它是研究计算广告业态的历史、理论、形式、流程、策略、管理、技术与趋势等内容的一门科学。"①

这时，在新范式的新视角中再来看品牌广告与效果广告之间的分歧与争论，就会发现无论是品牌广告对于洞察和创意的强调，还是效果广告对于数据和结果的看重，都无法摆脱它们对数据主义和计算主义的技术和工具的高度依赖。在计算广告学逐渐被确立为广告科学新范式的时代背景下，品牌广告和效果广告二者之间正在从过去的相互对立向品效合一过渡。当所有媒体类型都完成了智能化转型之后，品效合一在理论层面和技术层面也就彻底具备了现实可行性。正如分众传媒的创始人江南春所认为的那样，对于广告营销活动而言，建立在流量基础之上的效果广告与建立在定位基础上的品牌广告不但要坚持两手抓两手都要硬，而且还必须努力做到品效合一，因为"流量占据通路，品牌占据人心；流量相当于促销，而品牌才是真正的护城河"②。只有做到品效合一，广告主才能实现营

---

① 刘庆振、赵磊：《计算广告学：智能媒体时代的广告研究新思维》，人民日报出版社2017年版，第73页。

② 江南春：《新手，什么样的广告划算效果好？》，https://36kr.com/p/5062362.html。

销费用的最优化利用和销售效果的最大化发挥。所以，新的范式并没有彻底摒弃旧范式积累下来的用户洞察、创意传播、心智占领等思想精髓，而是用数据主义和计算主义的方法把它们量化、精准化和智能化了。

四、结语

新范式的基本逻辑已经确立，算法、大数据和人工智能等核心技术的密切结合在 21 世纪的第三个十年给广告、媒体乃至整个社会带来的影响将会远远超过计算机和互联网在过去三十多年对它们造成的改变，尽管这种改变已经非常巨大，但未来的广告营销和信息传播图景将会以更快的速度、更宽的广度和更大的强度刷新所有人的认识论和方法论。甚至，在万物皆媒的智能时代，广告营销与其他信息服务之间的边界都将彻底消失，一切以解决用户信息需求为目的的活动都将变得更加服务化，我们也将重新界定广告：从广告即销售、广告即传播向广告即服务、营销即服务（Advertising/Marketing – as – a – Service）转变。这种图景并不是虚无缥缈的海市蜃楼，而是已经缓缓展开的百年画卷，它将彻底改变我们的营销方式、互动方式、社交方式和生活方式，并为整个 21 世纪媒体经济和社会形态所经历的根本性变革定下基调。届时，尽管广告的概念会发生变化，但是新范式的理论逻辑、技术基础和基本目标都会在较长的时期内处于相对稳定的状态，那就是：运用最优秀的算法对海量的产品供给和广泛的用户需求进行个性化、动态化、智能化和精准化的完美匹配。谁能更好地提供这一服务、完成这一目标，谁就会是广告科学新范式游戏规则下的新赢家。那时候，今天正流行的用一套算法向所有用户进行精准化信息投放和个性化内容推荐的方式将彻底成为历史。既然用户的信息需求是个性化的，那么为他们提供解决方案的算法服务也应该是个性化的，而更多的数据、更智能的程序和学习能力更强的工具，将使之成为现实。

第八章

数据闭环与营销变革

对于广告营销活动而言，无论是市场细分还是整合营销，更多的都是一种理论上的完美设想，而最终影响消费者的消费态度和购买行为才是其根本目的所在，这就需要对广告营销的最终效果进行监测和评估。效果营销、精准营销成为一种主流的营销模式①，在新技术、新媒介、新营销的整体背景下，广告活动在哪些层面上发生了本质的变化？如何重新定义媒体、营销和广告？除了效果监测，程序化广告或计算广告又会在哪些层面上改变广告营销？对于这些问题的探讨有助于我们更好地理解新形势下的广告、营销和传播活动。

一、中国程序化广告简明发展进程

在我们进入新千年之前，美国就存在程序化广告的雏形，它们在传统媒体上的广告投放在某种程度上就具备了程序化广告的精准投放特征。比如根据它根据用户的邮编（zip code）不同而向用户邮

---

① 马澈：《关于计算广告的反思：互联网广告产业、学理和公众层面的问题》，《新闻与写作》2017 年第 5 期，第 20～26 页。

寄不同的 DM 广告（Direct Mail Advertising），这就非常有针对性；再如它的数字电视技术使得电视台某些时段的广告也是可以实现定制化个性化投放的。只是那时候我们并不叫它程序化广告而已。

对于程序化，很多人都比较看好它所表现出来的精准这一特征。但实际上精准有时候却是一种悖论，诸如很多快消类、IT 类、汽车类客户，他们的投放追求的往往是到达率，但是到达率高并不意味着精准率就高。所以当我们谈论广告营销时，我们一定要非常清楚地知道广告主所要求的 KPI（Key Performance Indicator，关键绩效指标）是什么。因此，今天的程序化购买也必须跟广告主的 KPI 高度相关。五六年前或者再早之前的程序化购买因为有着比较明显的价格优势，而同时又能很好地完成广告主对于到达率的 KPI 需求，只要广告能够投放广告主想要的更广泛的人群，并且广告的单价相对较低，广告主用与之前相同的预算可以触达更多的消费者，这就是一件皆大欢喜的事情。这是中国程序化广告的第一阶段。

但是后来广告主和广告公司逐渐发现，有一种流量叫作无效流量，五年之前一家名叫 AdMaster 的中国公司开始发布《无效流量白皮书》。对于所有的广告主而言，大家都想以更低的价格购买到更好的媒介资源，但这些低价购买到的媒介资源，真的能实现广告主对广告营销活动最根本的期待吗？或许并没有完全实现。所以慢慢的，程序化的广告市场也开始回归理性，同时整个生态也逐渐地完善起来，并出现了 DSP（Demand Side Platform，需求方平台）、SSP（Supply Side Platform，供给方平台）、AdExchange、DMP（Data Management Platform，数据管理平台）等服务机构。这是第二个阶段。

现在我们正在经历的是第三个阶段，整个营销行业都在探索除了在线广告之外的其他更多甚至所有广告资源，是不是都可以实现程序化购买？怎么实现程序化购买？比如户外广告、楼宇广告、电视广告等，很多新兴的媒体和服务商都已经在这方面展开了非常深入的尝试。理论上讲，每一种媒体类型在数字化和数据化之后都具备了程序化交易其广告资源的基础条件。而对于现实中的广告投放活动来说，它遇到的难点就是怎么把各家媒体的数据打通，来为其整个营销活动服务。很多时候，数据只有在可以自由流通的情况下才能够真正实现闭环创造价值。

二、数据孤岛困境容易被打破吗？

数据是程序化投放乃至整个广告活动各个环节的关键要素，而开放数据则是全媒体化的广告交易平台所赖以生存的基础，是促使广告资源配置和使用更加透明、更加高效、更加创新的重要手段。如果能够对数据进行采集、分析、探索及应用，就能做到精准营销，引导广告商将资金投向有需求的特定受众，不仅可以帮助广告主省下大批的预算投资，还能够在精准定义市场需求的基础上提升广告效果，同时也便于用户们及时找到他们所需要的信息，让个性化的消费需求能够迅速得到满足。① 但在过去，不同媒体类型和组织之间形成了一个个的数据孤岛，那么这种数据隔阂有望被打破吗？

从广告营销的角度看，单独一家企业生态的闭环不能称为真正意义上的数据闭环，因为营销活动成功与否主要取决于它为客户带来的实际价值。客户每年要花大量的预算在不同的媒体上投放广告，

---

① 杨扬：《计算广告学的理论逻辑与实践路径》，《理论月刊》2018 年第 11 期，第 162~167 页。

那么这些来自不同媒体的数据之间是否能够实现相互匹配，线上数据和线下数据之间是否能够实现相互完善，就直接决定了这些数据是否能够很好地服务于客户的数据管理体系和广告投放活动。这一点其实是很重要的，也是广告主非常在意的。比如现在的 BAT 都在大规模加码新零售领域，而新零售要取得成功就必须将不同平台的数据打通、将线上线下的数据打通、将各个环节的数据打通。未来一段时间这几家大的互联网巨头怎么去解决数据自由流通的问题，是中国乃至全球各大中小型企业都非常关注的事情。

当然这个问题并不是中国市场特有的问题，美国市场也存在类似的困境，Google 和 Facebook 都有自己的生态，就像中国的 BAT 一样，美国的互联网公司目前也都没有谁能够拿出一个普遍认可的方式方法，毕竟各个公司都有各自不同的利益或竞争关系。当然，具有匿名性、去中介化、信息不可篡改等特征的区块链技术，或许能够为数据共享提供一些新的思路和借鉴，现在市场上已经有新的基于区块链技术的数据服务机构或广告交易平台出现了，它们的快速成长有望使数据流通、数据共享和数据闭环的美好愿景加速到来。

区块链技术在很大程度上能够避免本文前面提到的无效流量问题。举一个简单的例子来说，对无效流量进行管理有一个比较简单的操作办法就是，鼓励中国广告协会成员单位每家都提交一个无效流量的黑名单，协会对这些黑名单进行统一整理之后再共享给所有的成员单位，这样每家企业在进行广告投放之前就可以利用自由的 DMP 系统筛除这些无效流量，从而减少广告预算的浪费并提升广告投放的精准程度。利用区块链技术则可以对这个无效流量的黑名单进行范围的扩充、动态的更新和精确的管理。我们利用区块链技术可以把这个共享的范围扩大，这样就能在投放的时候帮助更多广告主把这些无效流量过滤掉，从而做到更精准更优化的投放，同时避免资源的浪费。事实上，区块链技术可以像处理更加庞大且复杂的金融数据那样处理广告营销的数据，从而帮助我们解决更多的数据共享和效果优化等现实问题。但现在的难点并不是技术的问题，而是由谁来主导这个数据和资源共享的平台、怎样确立一个参与方都一致认可的机制以及如何对更敏感的用户隐私进行保护等。

三、完善用户画像可以精准预测消费需求吗？

随着用户在线的时间越来越长以及互联网企业采集用户数据的方式越来越多，用户所有网络行为所产生的数据规模也越来越大，这些数据使得媒介、广告主和广告公司所进行的用户画像也越来越清晰。这些清晰的用户画像被运用到具体的营销过程中去之后，就产生了越来越精准的广告投放。企鹅智酷发布的研究报告公开显示，大量用户平均每隔 14 分钟就会看一次微信，换句话说就是用户每 14 分钟向微信贡献一个数据点，这些数据点会在系统已经形成的用户画像基础之上对他不断进行更加细致的描述。如果再补充更多的用户 LBS 数据、电商消费数据、媒介浏览数据等，我们就会发现借助于大数据工具，将使营销人员对用户的了解越来越全面：用户每天在城市中的行走路径是什么样的，他使用了什么应用点击了哪些广告，他在什么样的电商平台上花费了多少钱购买了什么……这个时候用户画像就会清晰到令人难以想象的程度，所以我们也一再强调和呼吁各界提高对用户隐私的重视程度和保护程度，这是另外一个话题。

随着用户画像越来越清晰，我们就越来越接近程序化广告、计算广告或者智能营销的一个核心话题：预测用户的消费需求或行为动向。事实上，无论是电商公司还是媒体机构，无论是传统媒体还是网络媒体，大家一直孜孜以求的那个"水晶球"，就是怎样实现对消费者行为的精准预测。以汽车营销为例，广告主之所以会对大数据、用户画像、计算广告这些概念感兴趣，并不是因为他们真的在意用户长什么样子，而是因为这些工具可以回答他们最关心的问题：谁会在未来三个月有可能产生买车的行为？预测消费需求这件事，就好像是营销领域的圣杯一样，尽管所有营销人员每天都在想着怎样破解这一难题，但是直到目前还没有哪个产品或者公司敢于宣称他们已经真正做到了。基于现有的数据营销人员基本上可以了解用户过去的消费行为，并通过曾经的消费标签建立一个模型，然后用这个模型去预估这位用户可能的兴趣爱好是什么。但是精准预测消费需求这件事的难度，已经远远超出了挖掘一堆历史数据和建立几个用户模型这些初级套路。事实上，未来营销领域要重点突破的一个重要方向就是无限提升对用户行为进行预测的精准度。

纽约的一家网络舆情管理公司提供了一种有意思的借鉴。在过去，国内外的舆情监测与管理活动通常都是往回追溯品牌危机事件的发酵、起源、爆发、应对等重要节点，然而很多处在危机旋涡中的品牌所采取的公共关系措施简直糟糕透顶。这家公司则打破了惯常的做法，将焦点放在了对未来一段时间内品牌可能产生的舆论危机进行预测，它会根据目前已经掌握的所有数据来预测这个品牌在未来可能出现的种种负面危机，甚至可以比较精确地告诉客户，某个危机事件在未来 24 小时、48 小时、72 小时会影响到哪些可能的媒体，它将如何蔓延乃至出现一种爆发式的传播等。这种思路就像是我们非常熟悉的天气预报，气象专家可以根据实时的卫星云图确定当前的台风中心在什么位置，并借助大量数据来预测它下一个小时的运动路径是什么样的、哪些地方会受到非常大的影响……

按照这样的思路，我们可以把这种对于未来舆情的预测称为舆情预报，把对未来消费者将要产生的消费行为称为消费预报。类似的概念和应用在未来的广告营销活动中将会大有用武之地。仍以汽车营销为例，很多时候基于历史的数据是很难预测用户在未来一段时间是否真正有购车或者换车需求，因为这些数据告诉我们的是他过去利用什么交通工具出行或者最近经常浏览汽车网站，但用它精准预测用户的真实需求是有难度的。当然，也正是因为做到精准的预测很难，所以这个水晶球才会如此有魔力。在国内外程序化广告快速发展的背景下，有越来越多的企业和研究机构投身到这个领域，尝试建立一个更有价值的模型或者体系去攻克精准预测的难题，成为广告领域未来一段时间的重要话题之一。

事实上，要做到更加精准的预测，就必须把不同企业、不同维度的数据打通。现在的基本情况是每家企业都是一个数据孤岛，当真正把多样性的数据打通之后，用户画像就会更加的清晰和完善。例如，为什么我们能精准地预测到某位用户会在未来三个月买一台新车呢？原因在于不同维度的数据向我们显示了这种必然性：政府公开数据显示这位用户获得的新能源汽车指标将要在三个月之后作废，即时通信工具的数据向我们显示他在一周之前曾经在朋友圈发表过想要购车的计划，社交网络的数据向我们显示他最近与亲密好友经常讨论什么类型的汽车更适合自己，汽车网站的数据向我们显示他频繁地登录几家不同的网站针对某三款车型进行询价和比较，再结合电子商务交易记录等更多维度的其他数据，我们就能够得出一个类似天气预报中的卫星云图那样动态的消费预测模型。而要建构这种高度精准的预测模型，就需要依赖那些聚焦于打通多方数据的第三方数据服务机构或者数据联盟，毕竟任何一家公司的数据都很难真正实现有高度的说服力和可信度的数据闭环。随着我们对用户的画像越来越清晰，程序化广告所投放的目标受众也就越来越清晰，广告主所期待的广告营销的效果也就会越来越明显。

四、加速数据资产化打造新零售新服务

在营销决策越来越依靠数据以及建立在数据基础上的用户画像的当下，几乎所有的企业、公司、门店、媒体都深刻意识到了数据作为一种资产所造成的颠覆性影响，并开始想方设法加速他们的数据资产化和 DMP 建设进程。DMP 对人群数据进行分类标签整理及相似人群寻找，旨在精准定位用户的数据处理，使广告投放更具针对性，DMP 平台不仅可以为品牌提供有效品牌用户的人群画像、消费者洞察和品牌营销建议。[①] 在数据资产化和 DMP 建设进程中，大的组织跟小的企业之间必然存在着很大的差异。大企业的数据资产化进程或许开始得早一些，投入的人财物力多一些，但在这条路上他们未必就是走得最快、做得最好的典型代表。在数据资产化方面，很多大企业做得不错，但也有很多大企业徒劳无功，因为他们并没有真正意识到数据在它的营销环节乃至整个商业模式中的重要性，

---

① 段淳林、杨恒：《数据、模型与决策：计算广告的发展与流变》，《新闻大学》2018年第 1 期，第 128 ~ 136，154 页。

所以反而不如那些真正用心去做 DMP 的中小企业。有些中小企业，因为它的内部架构和产品品类相对不那么复杂，DMP 搭建起来能够起到立竿见影的效果。这也就是说，在数据资产化过程中，大企业有大企业的困难，中小企业有中小企业的优势。事实上，广告主、广告公司和媒体都在积极地推动它们内部的数据资产化以及多方的数据相互开放。但对于任何一家企业而言，最大的挑战首先是来自它的决策者是不是有决心一定要把这个数据平台做好，然后才是资金的投入以及实施的步骤，最后才是技术的解决方案。技术层面的很多问题都容易解决，但是关键的问题在于企业能不能梳理清楚自己的营销目标、用户需求、消费场景以及数据资产化过程中所涉及的人财物的投入。只有自己梳理清楚了，才能清晰地告诉技术方或者其他第三方来帮他实施和落地。

今天，在数据资产化的道路上，所有的企业和个人都在不停地学习、不停地思考大数据革命到底给我们带来了什么。在另外一个层面来看，或许数据资产化也是方兴未艾的新零售形态非常重要的一环，目前包括 BAT 在内的很多大中小企业都布局这一领域，它是对传统零售进行重新改造甚至彻底颠覆，那么数据化在这个过程中将会起到什么样的作用呢？市场营销学通常会提到一个概念叫作目标市场（target market），企业面对的核心问题就是如何更好地服务于它的目标用户，这里的目标用户既包括存量用户也包括新用户。无论是新零售，还是智慧零售，这个目标用户市场依然是它们必须直接面对的问题，只不过它所采用的是基于数据分析的全新方法来解决这一问题而已。举例而言，咖啡厅可以通过对所有用户历史消费记录的挖掘和分析，并针对不同用户在不同时间进行不同诉求的广告营销活动，从而提升店面的用户重复购买率或者客单价（per customer transaction）。我们也可以把这种与数据高度结合的商业模式称为新服务，这种新的服务模式对于很多线下零售门店都有非常大的意义。在过去，客单价的提升与店面不同服务人员的勤奋程度和情商高低有很大的关系，但今天，数据化的工具正在帮助我们把这种针对不同用户展开的个性化服务变得标准化、体系化和规模化。

在未来的新零售领域，DMP 系统或者其他某个智能化数据系统是不是会承担起向在店的服务人员发号施令的指挥官这样一种角色呢？它可以告诉服务人员怎样能够更好地提升顾客的满意度和客单价，这就是数据的意义和价值：在实现消费升级之前先要完成的是数据思维和数据系统的升级。比如商圈美食点评类的应用可以通过 LBS 的方式获取用户所在的具体地理位置，那么晚上这位用户还会不会在附近的位置，我们可以通过用户所在的场景、他在手机上搜索浏览的内容以及他更多的餐饮消费数据，向他更精准地推送一条附近餐厅的广告信息或优惠信息，这也是数据化和程序化的典型应用，它能帮我们解决更多新零售新服务的具体问题。这也就是计算广告面临的核心问题：如何做到用户、场景、内容和广告的完美匹配？

五、在数据闭环的逻辑下重新思考广告

这个时候我们单纯再用传统的广告思维来进行营销就受到了很大的局限。第一个原因在于"广而告之"的思维越来越不能适用于今天我们所说的程序化广告或者计算广告了；第二个原因在于简单粗暴的广告轰炸不但浪费营销成本而且效果越来越差。建立在大数

据基础上的社会计算思维方式，必然是对之前传播模式的一种颠覆，曾经占主导地位的广告传播模式开始发生改变。[①] 事实上，数字营销领域近些年呈现出了很多新的趋势，比如内容即广告、社会化营销、口碑营销等，因为用户与用户之间在线上或者线下是好友关系，所以他们彼此推荐的产品和服务在一定意义上更像是一种经验分享、一种社交渗透或一种内容输出。所有的媒体和广告主都在传统硬广之外积极努力地拓展更加原生化的营销方向，那就是怎样将营销与内容结合得更紧密、更有机。这就涉及我们经常探讨的相关性或者关联度（Relevence）问题。

几十年来，广告界一直在争论消费者到底是否喜欢看广告这个问题。美国的研究发现用户在回看录播节目的时候通常会跳过广告，国内的研究也表明在插播广告的时段观众换台率是最高的。为什么？因为这些广告跟用户没有直接关系，大家当然会选择跳过去。但美国的超级碗决赛却是个例外，第52届超级碗比赛的一条30秒广告卖出了770万美元的天价，光靠比赛时段的104个广告位福克斯的收入就超过5亿美元，而加时赛中播放的四个广告又带来了额外的2000万美元。可以说，超级碗几乎是世界上唯一能吸引观众仔细收看广告的电视节目，除了制作精良、创意制胜等众多原因之外，还有一条就是它的广告与内容、与用户需求有着高度的相关性。可乐品牌、薯片品牌、啤酒品牌等是超级碗决赛的重要广告主，而事实上这段时间正是美国当地此类产品销量暴增的时间。相关性的原则不仅仅适用于超级碗这样的电视广告，同样也适用于互联网的程序化广告，仅仅靠传统

---

① 颜景毅：《计算广告学：基于大数据的广告传播框架建构》，《郑州大学学报（哲学社会科学版）》2017年第4期，第150~154页。

购买流量投放广告的粗放模式已经不奏效了，在未来的程序化购买乃至整个数字营销领域，我们都需要认真地思考广告与内容的高度相关、与场景的有机结合。在这样的情况下，关键要做的是要基于数据管理系统对用户的需求进行推断，于是，更精准化、更个性化、更智能化、更动态化的广告活动越来越大规模地发生了。[①]

六、结语

实际上我们今天正在用全新的视角来重新审视、重新思考和重新界定广告。在一定意义上，未来的广告更像是某种形态的新服务，用户需要的不是广告本身，而是广告、营销、内容或者其他什么服务形态能为他解决对于信息获取、产品选择或者品牌消费等方面的难点、痛点或者痒点，总之他需要的不是那么干巴巴、硬生生、不痛不痒的一则广告。而新服务就是运用海量数据、标签体系、用户思维等工具去满足每位用户的个性化需求，并把它发挥到极致。过去的营销会出现拍脑门决策的现象，主观地认为哪种营销方式是最优的，但是未来会有越来越丰富的数据告诉广告主，你的品牌与哪些其他品牌、与哪些内容、与哪些线下的活动是高度相关的，这时候我们的广告营销、内容营销、跨界营销就会更精准、更有效、更有目的性。在这样的逻辑之下，我们重新回到重新定义广告、重新定义营销、重新定义媒体的话题就有了新的意义，品牌之间的跨界营销就为我们打开了新的思路：一个品牌成了另外一个品牌的媒介，或者说二者之间互为媒介、互为营销渠道，比如一家咖啡馆，除了

---

① 刘庆振、赵磊：《计算广告学：智能媒体时代的广告研究新思维》，人民日报出版社2017年版，第88页。

自营的咖啡之外，它的场景还适合混搭营销很多其他的品牌或者产品。所以在万物互联的时代，电视机就是装在家庭中的媒体，汽车就是装在轮子上的媒体，智能机器人就是应用在更多场景中的媒体，它的技术逻辑和商业模式都是成立的，我们可以更大胆地、更天马行空地想象未来的媒体和广告生态。而我们现在应该做好的就是更好地完成企业的数据闭环，更准确地预测用户的消费需求，更有效地做好广告营销新服务。

第九章

计算传播时代的信息囚徒

　　算法正在我们的日常生活、工作、学习、社交等活动中发挥着越来越重要的作用，它逐渐地成为我们与信息、数据、知识、内容等比特化的世界进行互动的中介，越来越多的传播媒介在基本完成了数字化、数据化的工作之后快速迈入了算法化的新阶段。在这样的语境下，媒介进化历史也从数字媒体时代过渡到了智能媒体时代：诸如亚马逊、京东这样的电商网站不断地积累着每个人的消费数据，并在此基础上分析用户的偏好特点从而使得它的推荐更加符合用户的兴趣口味；诸如华为、三星这样的手机硬件能够借助机器学习提升对用户每个人所处的不同场景和不同状态的判断；诸如头条、抖音这样的内容平台则将为用户匹配个性化新闻、资讯和娱乐的绝大部分任务让渡给了算法，而不是人工编辑；在交通、治安、教育、医疗等越来越多的领域，算法也都已经成为不可或缺的重要工具……当然，算法不可能处理所有的事情，而且，算法在处理很多问题的时候，也常常需要一定时间周期甚至不间断地学习，并且在出现各类问题的时候接受人工纠错机制的介入。

一、算法接管工作：通往自由之路？

智能媒体时代的典型特征就是算法逐渐接管原来属于人类的大量基础性工作和程序化劳动，在数据的收集、新闻的写作、内容的排版、影像的后期、图书的推荐、资讯的分发、广告的投放等越来越多的媒体环节，甚至在电影配乐、AI换脸①、新闻播报、节目主持②等方面，也都越来越自动化、智能化和算法化，很多原本由人类从事的大量媒体类工作岗位在未来会被机器或算法取代，从而释放出大量的自由劳动力和自由时间。人们通常会认为，有相当大量的媒体工作需要人类的智力参与才能完成；但在今天的智能媒体视角下来看，恰恰相反，有相当大量的媒体工作人工智能完全能够胜任。在技术加速变革和资金大力投入的前提下，更加高效、更加精准、更具现实解决能力的算法被研发出来并投入了媒体产业的实践应用中去。其好处在于这些智能媒体工具能够客观地按照算法设定的要求去完成相应的工作，从而把人类从无聊、枯燥、乏味的劳动中解放出来，但问题在于这样做的同时也在很大程度上给被解放出来的人工造成了较大的就业压力和经济危机。对于这一点，现代西方著名经济学家约翰·梅纳德·凯恩斯在题为《我们后辈的经济问题》的文章中创造性地提出了"技术性失业"（Technological Unem-

---

① 2019年2月，网络上流传着有位B站UP主"换脸哥"，用AI算法技术将1994版《射雕英雄传》主演朱茵的面貌替换成了演员杨幂的面貌，无论是风格还是表情都没有违和感。https：//tech.sina.com.cn/csj/2019-02-26/doc-ihrfqzka9312468.shtml。

② 在2018年举办的乌镇第五届世界互联网大会上，新华社发布了国内首位"人工智能机器人"，能够利用英语和汉语进行流利的语音播报。http：//www.sohu.com/a/274442194_578982。

ployment）的概念，这意味着，在采用越来越自动化和智能化的人工智能和算法工具的产业领域中所产生的更多失业现象是由技术的应用造成的，"是由于我们发现节省劳力的新方式的速度超过了我们发现劳力新用途的速度。"[1]

如果某一项媒体工作无论在智力投入方面还是在情感投入方面的要求都不算太高，那么从事这份工作的人员就会非常容易被算法所取代。"在新的算法社会，计算机科学家与数学家将在文化决策方面发挥越来越重要的作用……最终可能实现几代技术乌托邦主义者梦寐以求的目标：'每周工作 20 小时，50 岁退休。'"[2] 这一方面意味着人们将拥有更多的时间和精力去思考文化、创造娱乐和关注生活，就像奥斯卡·王尔德所说的那样："未来世界依靠的是机器奴隶，即把机器变成我们的奴隶。"[3] 如今，我们有机会把这些所谓的脏活儿、累活儿、不体面的活儿、枯燥无聊的活儿一股脑儿地交给"算法奴隶"来完成，从而腾出更多的时间去体味文化、创造文明了。然而另一方面，大多数被"算法奴隶"所取代的人类劳动者却陷入另一个尴尬的困境之中：他们赖以维持生存和生活的经济收入将从什么地方获得？毕竟被算法替换掉的大量劳动者是依赖一份工作而获得经济收入的，这种建立在工业时代的生产消费模式如果被算法时代的新思维和新工具摧毁，可能导致的严重后果就是那些看

---

[1] John Maynard Keynes（1930）. *Economic Possibilities for our Grandchildren*. Scanned from John MaynardKeynes, Essays in Persuasion, New York：W. W. Norton &Co. , 1963, pp. 358 – 373。

[2] ［美］卢克·多梅尔：《算法时代：新经济的新引擎》，胡小锐、钟毅译，中信出版社 2016 年版，第 202 页。

[3] Oscar Wilde（1891）. The Soul of Man under Socialism. libcom. September 8, 2005. http：//libcom. org/library/soul - of - man - under - socialism - oscar - wilde。

上去被解放为自由劳动力的人，有可能恰恰会因此被切断经济来源从而成为最不自由的人。

如果媒体不再需要广告设计师、视频剪辑师、图文编辑人员，未来这方面的劳动者就会大量减少，但问题在于目前正在从事这些工作的人被排挤出现有工作岗位之后将怎样快速完成他们的职业转型呢？表面上看这仅仅只是一部分人的就业问题，但更深层次的问题在于如果越来越多的人被"算法奴隶"或者智能工具排挤出就业市场，我们要想生存下去，就必须对我们这个社会"目前赖以存在的但是已经过时的运营模式进行改革"①，必须对建立在工业经济基础之上的社会文化、生活方式和管理体制进行根本性的变革。而这样的变革过程却是相当漫长的，对于那些目前已经遭受或者即将遭受新的算法技术冲击的劳动者而言，没有谁有耐力和经济能力经历漫长的等待，就像凯恩斯在《货币改革论》中所说的那句经典名言一样："长远是对当前事务错误的指导。从长远看，我们都已经死了。"事实上，从长远看，谁都不清楚究竟算法进化的未来究竟会是一个理想国还是一个乌托邦，或者也有可能是地狱。如果几百年后的人们利用算法获得了真正的自由，那么是否值得我们牺牲当前正在遭受算法冲击的大量劳动者的生存权利和发展权利来为后人的自由铺路？事实上，解决自由悖论的钥匙并不完全掌握在数据科学家、软件工程师和算法设计员的手中，他们无论在职业层面还是在伦理层面的出发点都是要把人类从沉重、枯燥的劳动中拯救出来。但由此造成的问题则更多地需要劳动者自身去承受，并需要算法的使用者和社会的管理者综合考量所有的可能因素来保障劳动者的生存要

---

① Theodore Levitt（1960）. *Marketing Myopia*, Harvard Business Review。

么免受算法的挑战，要么能够在受到冲击之后帮助他们找到更合适
的工作。我们如何设计、使用和管理这些功能日益强大的算法，如
何在机器奴隶和人类劳动之间寻找到某种平衡，将会直接影响到未
来包括传媒产业在内的所有经济领域的本质，也将会直接决定未来
的社会结构和社会形态最终会沿着什么样的路径发展下去。

二、算法参与决策：通往公正之路？

在现代社会，大数据和算法结合已经颠覆了传统的决策方式。①
（Schönberger，Cukier，2013）对于几乎 99% 以上的普通用户而言，
尽管算法给了人们以客观公正的感觉，但实际上大家并不知道在算
法的"黑盒子"里面究竟发生了什么，更不知道依赖算法做出的各
种各样的选择和决策是否完全的正确可靠。事实上，期待算法做到
百分之百的公正这种想法本身就有些天真，例如，丁晓东曾选取了
Grutter 案、Gratsz 案和 Bakke 案等几个典型的美国教育平权案来分析
讨论美国学校招生政策中算法的合理性，研究发现"算法并非一种
完全价值中立的活动，算法总是隐含了价值判断"②。再如，与面部
识别相关的算法对男性的识别率要高于女性、对黑人的识别率要高
于白人，与就业求职相关的算法向男性推荐的工作岗位整体工资要
高于向女性推荐的岗位，与信息资讯相关的算法向受教育水平低的
用户群体推送的内容在质量和格调上都存在一些问题，与商品购物
相关的算法会选择向那些较少购买奢侈品的用户发假货……越来越

---

① Viktor Mayer – Schönberger，Kenneth Cukier. Big Data：A Revolution That Will Transform
　How We Live，Work and Think. New York：Mifflin Harcourt，2013，pp. 34 – 70。

② 丁晓东：《算法与歧视：从美国教育平权案看算法伦理与法律解释》，《中外法学》
　2017 年第 6 期，第 1609 ~ 1623 页。

多的案例提醒着我们一个已经非常明显的事实：算法并不像我们想象中的那样客观公正。"最核心的问题仍然要归结于算法所承诺的虚无缥缈的客观性……我们过于担心人类的偏见与自相矛盾，同时又过于相信计算机的公正性。我们的错误在于我们信任算法，但事实上这些算法都是人编写出来的，人们可以把所有的偏见与观点植入其中。"[①] 人类本身就是一种时常带有偏见性的动物，这一点是显而易见的，我们的偏见会影响我们的决策，也会影响我们对于算法的开发和应用，这一点也是毋庸置疑的。

但即便如此，《哈佛商业评论》的一篇文章仍然坚持认为如果你不想被偏见左右，那么算法依然是一个较好的选择。作者 Alex P. Miller[②] 认为，我们在指责算法可能带来严重的不公平问题时，忽略了一些重要的因素，比如，算法的使用者可能不理解概率或置信区间（即使已经注明），并且在实际操作中可能也不愿去推翻算法的决定（即便这在技术上是完全可行的）。这也就是说，算法本身并没有向任何用户承诺自己完全公正、不会出错，只是人们自己觉得它是公正客观的；进一步地，人们即使也意识到了或者接触到了算法在参与决策过程中存在的问题，但这些决策所造成的负面影响并不明显，因此也就不愿去推翻算法的决定。所以，Alex 提醒我们与其把目光聚焦在这些不知是否真正公正的算法选项上而忽略了我们想要解决的真正问题是什么，"不如好好考虑如何将人类和机器的优势相

---

① ［美］卢克·多梅尔：《算法时代：新经济的新引擎》，胡小锐、钟毅译，中信出版社 2016 年版，138 页。

② Alex P. Miller （2018）. Want Less－Biased Decisions? Use Algorithms. Harvard Business Review. July 26，2018. https：//hbr. org/2018/07/want－less－biased－decisions－use－algorithms。

结合，以便创造出更好的、偏见更少的决策工具。"如果我们认真地观察和思考目前流行的对于算法偏见的大量指责，就会发现一个非常有意思的现象：尽管表面上看这些批评的矛头都指向了算法，但更本质的问题其实在于偏见。"多数对于不公正的偏见的批评并不是反算法的，他们更多针对的是偏见，他们并不是真的憎恨算法。"①从这个角度来看，解决算法偏见问题的路径将会从过去孤注一掷地聚焦于打造一种完美、公正和客观的算法转变为两种比较切实可行的策略：一是不断地优化和改进现有的算法本身，使其能够不断地向着公正客观的理想状态迈进；二是在算法之外寻找预防和应对可能出现的偏见的方法，"因为在所有案例中，算法都有人的参与，尤其是在搜集数据、制定决策、实现方式、解读结果及因人而异的理解等方面，都会受到人为干预"②，通过什么样的方式避免这种人为干预过程中可能产生的不公正问题，或许要比单纯关注算法本身来得更有价值。

　　人类存在偏见，算法同样存在偏见，而算法的偏见则更多的是人类偏见在算法世界中的另外一种写照，计算机也好，软件程序也好，复杂算法也好，都"只不过是一个使用了很多语法规则、速度很快的符号转换机，机器缺少生物大脑拥有的东西——解释语义的能力"③。因此，算法世界存在的偏见问题本质仍然是人类社会自身的问题，而不是算法规则的问题。算法可以读取数据并产出数据，

① Rachel Thomas. What HBR Gets Wrong About Algorithms and Bias. Aug07，2018. https：//www. fast. ai/2018/08/07/hbr－bias－algorithms/。

② 《算法做出的决策能避免偏见吗?》，《数据分析与知识发现》2018年第9期，第87页。

③ ［美］约翰·马尔科夫：《与机器人共舞：人工智能时代的大未来》，郭雪译，浙江人民出版社2015年版，第179页。

但这并不意味着它真的理解了那些数据之于现实社会的意义，它也无法真正理解皮肤的颜色、经济的收入、职业的区分以及说话的语气等具体内容所暗含的敏感信息，它更不会在意它所输出的结果乃至结论是否会引发一场舆论争端或现实冲突。所以解铃还须系铃人，算法偏见的解决最终要寄希望于开发、使用和管理它的人。这样看来，人机结合或许是一个不错的方案，理想的状态应该是这样的：当算法在参与决策的时候，他利用神经网络、人工智能、机器学习等工具推理出人类的对话，并据此判断哪些问题可以直接帮助人类直接执行任务，而哪些问题的处理权和决策权应该归还给人类让他们自己解决。这样，我们就重新回到了没有算法在场的老问题：怎样确保人类自己做出的决策是不带偏见的？而事实上，人类并没有发明出一套完美的游戏机制和社会规则来保证这一点，这也就难怪很多人在谈及算法偏见的时候会抱有"比人类强点就行了"的态度。在任何一个现代社会中，人们都不希望看到偏见的存在；但同样在任何一个现代社会中，偏见却随处可见。或许，从更长远的时间来看，我们依然要寄希望于算法来减少偏见、促进公正。毕竟，只要我们确定的规则是合理的、公正的、无懈可击的，那么算法就会严格地按照程序遵循并执行它，"算法的尊重性，并不仅体现对那些强势群体算法使用者的尊重，而更需要的是对弱势群体算法使用者的包容和理解，即算法不因身份、地位、财富、性别等不同有任何区别。"① 在这一点上，人却未必能做到。

---

① 郭林生：《论算法伦理》，《华中科技大学学报（社会科学版）》2018 年第 2 期，第 40 ~ 45 页。

三、算法窥见隐私：通往透明之路？

英国哲学家杰里米·边沁设计了这样一种"圆形监狱"：在其中，每一个囚徒的所有行为动作对于监视者而言都是可见的，但监视者的任何心理、表情和动作对于囚徒们而言则是无从得知的，他们甚至在根本上不知道监视者的存在。法国哲学家米歇尔·福柯在其著名的《规训与惩罚》一书中使用了"全景监狱"的概念来表达了与边沁类似的意思，但在这里囚徒们在一定程度上是意识到监视者存在的。无论何种说法，囚徒们所处的环境对于监视者而言都是透明的，他们能够清晰地掌握囚徒们的一举一动。在当前的信息社会，每位用户在数字终端上的浏览痕迹、跳转路径、消费记录以及其他各种动作都被以不同的形式存储和保存了下来，构成了所谓的大数据的一部分。这其中绝大部分数据是无意义无价值的，它们根本不会被谁注意到就淹没在了浩浩荡荡的数据洪流之中；但是越来越多的机构——无论是出于商业目的还是政治目的——正在开发各种各样的算法激活大数据中所蕴含的巨大价值。借助算法，我们在大数据的海洋中淘洗到了美丽的贝壳，甚至还发现了闪闪发光的珍珠，那就是数据中所蕴含的关于用户个人的基本情况、兴趣偏好、价值观念、消费需求乃至政治倾向等有助于对用户行为进行预测、引导和施加影响的重要信息。例如，2018 年 3 月引起全球互联网用户极大关注的脸书数据门事件，事件的主角"剑桥分析"公司就涉嫌窃取超过 5000 万脸书用户的个人数据，并在此基础上利用数据挖掘工具和算法推荐系统来操纵美国大选及英国脱欧的投票。

尽管我们不能认定是算法操纵甚至决定了某些重大的公民决策

行为，也无法给出算法对公民的政治理念和投票行为究竟产生了多大程度的影响，但有一点是明确的：算法能够从我们遗留在网络上的数字踪迹中挖掘出更丰富的具体到每一位用户的各类信息以服务于其商业目的或者其他目的，这其中当然包括大量的用户隐私。在这种数据可以被实时收集、存储和挖掘的语境下，波斯特从福柯的"全景监狱"出发，指出了"今天的传播环路以及它们产生的数据库，构成了一座超级全景监狱，一套没有围墙、窗子、塔楼和狱卒的监督系统"①，我们每个人则成为这个超级全景监狱中的"囚徒"，尽管其中的绝大多数人并没有时时刻刻自发地感知到这种"监视"——当然，监视也不是时时刻刻都存在，但这种由数据、算法和传播权力编织起来的监视与被监视、传播与被传播、操纵与被操纵的虚拟关系确实产生着相应的影响。每年都有层出不穷的数据泄露事件和隐私侵权事件，但用户仍然并不知道自己的隐私会如何被侵犯，被侵犯到何种程度，因为数据和隐私这样的概念对用户而言太抽象了，除非有具体的且恶劣的行为严重伤害到了他们，否则他们就会觉得无关痛痒，更何况"他们与那些掌握并利用甚至可能出卖他们的隐私数据的公司之间，天然是不平等的。在缺乏对自己数据的知情能力的情况下，隐私保护也就无从谈起"②。

但或许我们也不能因此而彻底悲观甚至陷入绝望，情况可能没有我们想象的那么糟糕。比如《福布斯》杂志曾经就专门针对隐私这件事情撰文指出："小孩子就是不在乎，或者不理解老一代人所指

---

① ［美］马克·波斯特：《信息方式》，范静哗译，商务印书馆2000年版，第127页。

② 彭兰：《假象、算法囚徒与权利让渡：数据与算法时代的新风险》，《西北师大学报（社会科学版）》2018年第9期，第20~29页。

的'隐私'一词的意思……70%的千禧代人说没有人有权接近他们的数据或线上行为；但51%的说，如果能被告知，他们愿意共享信息。"① Liana Brüseke② 就千禧一代和婴儿潮一代对在线购物行为中的隐私认知情况进行的对比研究中也在一定程度上支持了上述说法，不同世代的人群对待数字世界中的隐私问题持有不同的态度和观点。

当然，年轻人对个人数据和隐私持有更加开放和乐观的态度是完全可以理解的，他们是信息时代的互联网原住民，更容易认可和支持数据共享行为，还没有受到过太多因为隐私泄露而产生的各种困扰，而且，任何一个国家、任何一个时代的年轻群体总是相对于年老群体对新出现的事物和问题保持激进态度。但这也并不一定就意味着年轻人一点儿都不关心他们的数据安全和隐私风险，例如Brien 等人的研究就发现千禧一代非常清楚社交网站中的低隐私设置所存在的风险，并主动采取了一些保护措施以防自己信息的泄露。③更何况，随着年龄的逐渐增长，很多年轻人不怎么关注隐私问题的状况还极有可能发生根本性的变化，谁会真的希望在看似匿名、自主、安全的网络环境背后有一双甚至无数双眼睛盯着自己看呢？互联网领域一直引以为豪的共享思维和共享技术塑造了年青一代的思想和行为，使得他们更愿意分享从经验到知识、从数字产品到实体产品等所有非独占性的东西，但这不是说他们会愿意分享所有的一

---

① ［美］安德鲁·爱德华：《数字法则：机器人、大数据和算法如何重塑未来》，鲜于静、宋长来译，机械工业出版社2016年版，第179页。

② Brüseke，L.（2016）The influence of privacy perceptions on online shopping behavior：a comparison between millennials and baby boomers. https：//essay. utwente. nl/70179/。

③ S－O"Brien，L.，Read，P.，Woolcott，J.，& Shah，C..（2011）. *Understanding privacy behaviors of millennials within social networking sites*. Proceedings of the American Society for Information Science and Technology，48（1），1－10。

切，或许他们缩小了自己所认为的隐私应该涉及的范围，但他们肯定不会放弃隐私权。"数字化技术能使隐私侵犯更加绝对化，结果它威胁，甚至破坏了我们大家晚上带回家的'真正的自我'。在持续不断的监控下，我们的行为不像是我们自己的，我们有时甚至不是自己，我们会尽力掩饰自己，希望避免超级牢固的刺网的监视。"① 现在，这种监视、诱导以及操控行为正在把并非我们真正需要的信息和商品推送给我们，正在从更深层次改变我们对世界的认知、态度乃至行为，因为它看见了我们，于是它能预测、影响甚至改变我们的想法和做法。而我们中的大多数，却看不见、听不到也感知不到它的存在。

探讨：数据伦理与用户隐私

最近几年，你有没有发现一个比较奇怪的现象：手机上安装的应用软件越来越了解你了。如果你的回答是没有，那么我们不妨来回忆一下，最近一段时间你有没有这样的一些经历：你在百度搜索了某一个并不经常购买的商品，结果当你打开淘宝、京东、拼多多或者其他什么网页的时候，这些电商网站居然向你推荐了你搜索的这件商品，或者，这些你所打开的网页居然出现了这件商品的弹出广告。这很诡异吗？其实一点儿也不。因为这已经是一个普遍的商业场景和媒体应用，在媒介内容消费领域它被称为个性化推荐，在广告投放领域它被称为程序化广告，其基本的逻辑都是通过挖掘用户数据进行算法推荐。

目前，移动互联网领域主流的应用软件几乎都无一例外地使用

---

① ［美］安德鲁·爱德华：《数字法则：机器人、大数据和算法如何重塑未来》，鲜于静、宋长来译，机械工业出版社 2016 年版，第 179 页。

了算法推荐技术。

如果你在百度、优酷、腾讯搜索过一首粤语歌曲，那么有可能在打开网易云音乐的时候被推荐这首歌曲；如果你在京东浏览过某一本图书并把它放进了购物车里，那么你有可能在打开其他图书网站或者再次打开京东网站的时候被推荐与这本书主题类似的其他图书；还有，婚恋网站可能非常清楚地知道你更喜欢什么风格的女性或者男性，美食网站可能会向你推荐在你的公司或者住址附件的美食，资讯网站可能会不停地为你呈现你所喜欢的明星八卦或网红娱乐，微信朋友圈的广告也是根据你的用户画像或标签而进行定向投放的……

更有甚者，有些电商的卖家会根据对用户消费数据的分析来决定是否向这名用户发正品或者假货，就连 Facebook 这样的互联网巨头都曾经一度深陷利用数据操纵选举的丑闻。越来越多的用户开始注意到这些现象，而实际上，当用户反应过来的时候，个性化推荐和程序化广告早已经变得铺天盖地。

那么，紧接着而来的就是用户的疑惑与焦虑：我的隐私是不是被泄露了？我的数据是不是被贩卖了？我的消费是不是被操控了？要不然，为什么这些应用的内容推荐与广告投放会越来越精准呢？答案是肯定的，只是你的隐私究竟是被谁泄露了、你的数据有多少比例被贩卖了、你的消费在多大程度上被操控了，这还有待于进一步探讨。互联网公司之间有没有数据交易？答案也是肯定的。只是在这个交易的过程中，用户的隐私和用户的数据是被保护了还是被泄露了，在多大程度上被保护或者被泄露了，这也还有待于进一步探讨。这也就难怪那些对大数据、人工智能和个性化算法持悲观主义态度的研究者会对很多互联网巨头进行强烈的批评。

事实上，互联网公司的确是因为获取、积累并挖掘了用户浏览、使用、消费等行为的大数据而不断将用户的标签体系做得越来越丰富和越来越完善的，也正因此，用户画像越来越像一个个丰满、立体、具象的个人，而不再是一幅幅抽象、平面、模糊的群体。

但是，每家企业能够获取到的数据都只是用户全部数据中的一部分，例如高德地图积累的更多的是与你的地理搜索、出行、导航相关的数据，天猫积累的更多的是与你的浏览和购买商品相关的数据，微信积累的数据或许涵盖的面会更广泛一些，它会涉及你的社交、理财、出行、生活消费等诸多维度，但利用这些数据也不能勾画出一个完整的你。

正是因为任何一家互联网公司都不可能像你的父母、配偶、子女或者亲戚朋友那样对你的性格、兴趣、偏好、财产等了如指掌，当他们想要丰富你的用户画像的时候，除了自己家的数据之外，就必须借助其他家的数据相互匹配相互补充，这样它才能越来越了解你，了解你住在哪里、你喜欢吃什么菜、你经常交往的朋友都有哪些人、你喜欢上什么样移动应用浏览什么样的内容……这时候就需要打通各家的数据进行数据共享。但是太阳底下没有免费的数据，除了自己家通过强制用户同意开放给你的数据之外，这就必然产生数据交易行为和数据交易市场。也就是用户所观察到的：我的数据被卖了。百度公司董事长兼首席执行官李彦宏在一次以"中国经济的新动能"为主题的发言中就曾经提到过这样的一个观点，他说：中国的消费者在隐私保护的前提下，很多时候是愿意以一定的个人数据授权使用，去换取更加便捷的服务。这句话被媒体断章取义后就变成了"用户自愿放弃隐私换取便利",并且受到了很多网民和专家的围攻。

然而,事实的情况确实如此。几乎所有的用户在安装某一款软件或者应用的时候,都会被询问"你是否同意……",下面有同意和不同意两个选项。99%的用户在99%的情况下都会点击选择"同意",然而,99%的用户在99%的情况下其实压根都不知道自己同意的内容是什么。这其中,就有涉及我们每个人切身利益的个人隐私和数据。在这个角度上看,很多数据实际上是用户自己同意开放给互联网公司的,他同意开放数据给互联网公司的目的,恰恰是为了获取使用其软件或应用带来的便利。有一次,我要安装一款应用软件,这款软件要求我允许它访问手机的通讯录功能,甚至还有很多其他应用要求访问照相机功能,但是这些应用软件所提供的服务压根与我们的通讯录和照相机等功能没有任何直接的关联。这恰恰是绝大多数互联网软件和手机应用的垄断主义策略所在,不允许访问这些功能,用户就无法使用这个软件提供的基本功能。

客观而论,用户既想要获取大量便利又想要保证自己的数据不被不合理利用的心情是可以理解的,然而这一愿景在当下乃至全球的互联网领域也都是一种奢谈。不开放给互联网公司用户的数据,它就不能更好地了解你,向你提供的内容、商品和服务也就无法做到个性化和定制化,用户的使用体验就会比那些能够提供个性化体验的应用差很多,进而就会导致用户大量流失。用户同意开放数据给互联网公司,那么谁来保证这些互联网公司在获取用户数据的时候守规矩了呢?谁又来保证它们会设身处地地为用户考虑而不是设身处地地为商业利益考虑呢?法律的监督真的起作用了吗?政策制定者会站在用户的利益考虑问题还是会站在某些利益集团效益最大化的角度考虑问题？

再进一步的，如果把用户换位为互联网公司的产品经理乃至高管，他会做出怎样的选择？是选择保护好用户的数据和隐私还是选择保护好公司的商业利益？更何况，什么是数据或许可以较清晰地界定，但什么是隐私并不是那么容易就说得清楚的。对于有些用户而言，我在互联网上是男是女都应该算作涉及个人隐私的数据，但对于另外一些用户而言，我的工作单位和家庭住址都可以不算在隐私数据的行列。什么样的数据应该界定为隐私？什么样的数据使用行为应该被界定为泄露用户隐私行为？很多时候都存在模棱两可的灰色地带。输入法在技术上是可以获取手机上所有应用的数据的，路由器以及手机的运营商在技术上也是可以获取各个软件的流量信息的，你走在路上都有可能被某一款 Wi–Fi 探针盒子获取到了你手机的 mac 地址数据，直到有一天，你被推荐了某一款产品，或者你被投放了某一则广告，很多人都不会意识到这是广告主或者经销商在挖掘了你的数据之后对你进行的个性化精准推荐。

从这个角度上看，任何购物网站、社交软件、移动应用、网络工具都存在着泄露用户数据乃至隐私的巨大嫌疑。

在互联网巨头面前，尽管用户作为一个所有互联网公司最喜欢提及的词汇是被尊重的，但任何个体的用户都从来没有真正被尊重过，他们的数据被各大巨头以各种各样新的名义贴上各种各样的标签，打包封装好之后卖给了广告主和经销商。没有任何一位用户有能力和实力与互联网巨头直接叫板对抗，更何况它们还俘虏了相当一部分与数据安全和用户隐私相关的政策制定者。在这样的情况下，用户和很多研究者能做的只有无济于事的呼吁。事实上，魔鬼出来之后就很难再回到宝葫芦中去了，就像用户也很难再回到没有互联网、移动互联网、个性化推荐的传统大众媒体时代一样，这是不可逆的。在这个意义上，仍然有相当大比例的用户群体，愿意放弃部分数据乃至隐私而获取某些便利。

今天的智能手机，已经变成人人拿得起却再也放不下的智能"机手"，它更像每个用户的"手"而不是"机"，甚至也有用户会认为如果它真的能够很好地为我提供更加便利的服务，泄露数据和隐私又有什么不可以呢。几乎绝大多数的智能手机用户并没有被数据泄露的问题所困扰，那么我们又何必为或许根本并不存在的一些问题而杞人忧天呢？至少在可以预见的将来，用户的数据一定不会是越来越少地被开放给通信运营商、网络运营商或者服务运营商了，它只会开放得越来越多，进一步的，也一定会被交易得越来越多。每一秒我们的手机GPS定位系统都在获取我们实时的地理位置，每一天我们登录的购物网站都在积累我们的交易记录，每个月我们的社交软件都会把一些新的标签贴到我们每一个人的用户画像上。甚至毫不夸张地说，智能手机可能是至今人类发明的最私密的监控设备。它持续跟踪我们的位置，它知道我们居住在什么地方，在何处工作，在何地消遣。知道我们什么时候醒来什么时候睡觉，因为人人都有手机，因此它还能知道我们和谁一起睡觉。

所以与其关心我们的数据是不是被开放给运营商了，或者是不是被运营商又倒手贩卖给了其他商业机构，倒不如去关心另外一个话题，那就是我们是不是被不公正地对待了。或许，我们之所以感到细思极恐或者恼羞成怒，并不是因为我们的信息被泄露了，而是

181

因为我们的消费决策甚至我们的自由意志被操控了。说得更直白一点，我们不愿意相信这样的一个事实：我之所以购买了某件假货，不是因为舍不得花钱，而是因为卖家通过数据分析认为我没有辨别真货和假货的能力；我之所以买得比别人贵，不是因为我真的不在乎金钱，而是因为经销商通过数据分析得出我不是价格敏感型的用户；我之所以买了某件商品或者服务，不是因为我觉得我此刻真的需要，而是因为你通过数据预测认为我此刻真的需要……这种现象被称为"大数据杀熟"：你获取了我的数据，还反过来算计我、忽悠我、坑杀我。这或许是很多用户在得知电商网站存在价格歧视后愤怒的真正原因。

近两年经常会爆出"大数据杀熟"的现象，有部分互联网企业被曝存在大数据"杀熟"的行为，包括交通出行、差旅住房、视频会员、网络购物等网络平台均发现大数据"杀熟"，在购买同一件商品或选择同样的路程时，老用户的价格要比新用户贵许多。以某电商平台的 P 级会员为例，一款"爱仕达炒锅"原价为 199 元，会员专享价为 179 元，从表面上确实比普通用户要便宜了 20 元，但该商品目前在做活动，每位用户可以领取一张满"199 减 100"的立减券，普通用户在领取 100 元券后下单就会自动减掉 100 元，而会员则因为专享价变成了 179，达不到 199 元的满额标准，只能使用会员价格购买。这就是算法"使的坏"。笔者亲身的体验是，原来不经常买图书的时候，动不动就可以抢到各种活动的优惠券；后来经常买经常买，于是各种各样的优惠券就与我无缘了，能参与的活动也少了，打的折扣也少了。为什么？因为算法会"认为"你这是刚需，价格不敏感，优惠不优惠你都会买，那为什么还要给你发放优惠券或者促销呢？基于大数据的动态定价也是这个道理。有一句经典的话是这么说的，"如果附近没有肯德基，就给用户显示更高的比萨价格"，他直白地向我们揭示了动态定价或差别定价的基本原理：供求关系和价格弹性。而在动态定价方面优步是始作俑者，在打车需求旺盛的时间段价格就会自动上浮，在需求萎靡的时间段价格就会自动下调。后来各大电商网站都开始学优步，于是你就会发现最近一段时间放在购物车里的某件商品降价了或者涨价了，其实都是算法根据你近期的浏览和消费行为对你的需求进行的预测，最终目的都是通过降价或者涨价的目的完成销售，获取最大化的利润。

这就是所谓的大数据营销、程序化投放和个性化推荐，无论概念如何有差异，但其本质都是相通的：借助大数据的挖掘和分析，判断你是谁、你现在在做什么、你希望看到什么或想要什么、你下一步将要去哪里或做什么、你愿意花多少时间或者金钱来满足你的需求……

然后，借助于已经积累起来的数据资源，针对不同用户的个性化标签和精准化画像，以不同的内容、不同的产品、不同的服务、不同的形式和不同的价格来满足不同的用户需求，从而使自身收益最大化或利润最大化。

这时候，我们就能够明白为什么一个与交通有关的软件想获取你的通讯录和照相机访问权限了，不仅如此，很多移动应用还要求获得你手机上安装的其他软件的访问权限。因为只有这样，他才能获取与你相关的更多维度的数据，才能对你进行更加完善的用户画像。

很多用户会问，怎么办？这个问题，我也很想反过来问一句：

怎么办？

四、算法改造视野：通往多元之路？

"算法对人是有目的倾向性的。例如，在决策支持系统中的算法，即通过某些预定的标准对一组备选动作进行排序来帮助决策者做出更好的决策。虽然算法在设计的阶段不会对人产生影响，但是在算法设计刚开始时就已经负载价值，只不过价值要在算法的应用阶段实现。"① 这种倾向性表现在今天的新闻传播领域就是根据用户的个人兴趣偏好向他们进行个性化的商品、广告、资讯和娱乐推荐。随着越来越多的互联网企业将这种个性化算法推荐的方式应用到为用户提供信息服务的不同场景之中，用户也越来越明显地感觉到算法的无处不在，他们在算法提供的各种选项之中汲取信息、数据、内容、知识乃至智慧，但随之而来的除了表面的繁华热闹，还有很多更深层次的困扰和担忧，最典型的就是对"信息茧房""算法垄断"的讨论。"这种个人日报式的信息选择行为会导致信息茧房的形成。长期处于过度的自主选择中，失去了解不同事物的能力和接触机会，不知不觉间为自己制造了一个信息茧房。"②

算法推荐所造成的信息茧房问题的确是客观存在而且是不容忽视的，例如某资讯平台曾经一段时间以非常高的频度向用户推荐某一话题、某一人物、某一时间或某一类型相关的资讯，这在很大程

---

① 郭林生：《论算法伦理》，《华中科技大学学报（社会科学版）》2018 年第 2 期，第 40～45 页。

② 喻国明：《信息茧房禁锢了我们的双眼》，《领导科学》2016 年第 12 期（下），第 20 页。

度上造成了用户的不良体验和强烈反感。在一定程度上，这是一种用户能够感知到的信息茧房正在形成的过程，这个过程引起了用户的不适、抗拒乃至冲突，因为这种频度和密度带来了某种压抑感甚至窒息感。事实上，这只不过是推荐算法在其初级阶段的拙劣表现，更优秀的算法已经能够做到根据对用户实时数据的分析向他推荐更符合他所在场景的个性化信息而不致引起用户反感，但这并无法改变信息茧房的本质，而是进一步强化了"我所看到的，都是我想看到的"这一现象，而那些不想看到的都已经在到达用户之前就被算法屏蔽在所有可选项之外了，用户需要做的只是从众多想要看的内容中选择此时最想看的那个选项而已。

长此以往，"这种信息茧房导致的信息偏向往往使人局限在个体以及相似群体的行为活动中"①，还会"使个体独立选择与思考的空间不断缩小，个体在算法推荐的渗透下逐渐失去自我的决断权，这种信息偏向使受众的视野逐渐变得狭窄，逐渐成为信息时代的井底之蛙。"② 当一个人长期沉浸在算法为自己打造的媒介环境中时，他对那些与自己价值观和兴趣点不一致的多样化的信息就会接触得越来越少，这有可能导致他不情愿或者根本没有办法主动走出"信息舒适区"，从而进一步禁锢了自己的视野，束缚了自身的成长。事实上，与信息茧房类似的问题由来已久，早在19世纪，法国思想家阿历克西·德·托克维尔就在其《论美国的民主》中提到过类似的观点，他的发现是民主社会更易于促进个人主义文化的滋生、形成和

① 王秋旭：《信息茧房效应下微博群体极化现象分析》，《新闻研究导刊》2015年第7期，第177～178页。
② 陈昌凤、张心蔚：《信息个人化、信息偏向与技术性纠偏——新技术时代我们如何获取信息》，《新闻与写作》2017年第8期，第42～45页。

发展。沿着托克维尔的启发，哈佛大学法学院教授桑斯坦在《网络共和国》一书中发展了这一观点，并直接指出了网络时代的信息爆炸看似给用户带来了更多的资讯和更民主的选择，但实际上它蕴含着对多样化生态和民主化选择的巨大破坏力量，从而失去了接触和了解不同事物的能力和动力。但也有另外的观点认为，信息茧房是一种必然现象，过分担心它可能对信息生态的多样性造成巨大破坏这件事是没有太大必要的，因为一直以来用户都是处在信息茧房之中的，而不是直到推荐算法出现之后才这样的。在传统媒体背景下，用户是通过自主浏览报纸、电视和广播的方式来选择自己想获取的信息；在 PC 互联网环境下，用户是借助搜索引擎这样的工具来筛选和过滤他所查找的信息和商品；在移动互联网场景下，用户则利用人工智能、深度学习、数据挖掘等技术塑造的推荐系统来获取相应的内容产品。尽管表面看上去随着媒介的不断进化，用户的主观能动性和选择多样性变得越来越低，但直到目前并没有客观可靠的数据来支撑这样的论断。

无论是传统大众媒体时代，还是 PC 互联网、移动互联网时代，用户所获取到的信息，都在很大程度上受到了"算法"的左右，只不过不同的媒介技术语境下的"算法"各不相同罢了。大众传播时代的编辑分发算法，更多的是基于编辑作为"把关人"对什么样的信息应该呈现在受众面前进行一种经验主义的主观"计算"或判断，从而把他们认为受众适合看到的信息通过报纸、电视等方式"推荐"给了受众；PC 互联网则是利用搜索引擎的排序算法把它认为最符合用户输入的那个关键词的信息以优先劣后的方式"推荐"给用户；移动应用场景下的各类 App 因为能够采集和挖掘更多样化的用户数

据，因此能够结合大数据技术、人工智能技术和机器学习技术不断
优化其推荐系统，以向用户匹配更符合具体场景下的信息。所以，
媒体编辑分发、搜索引擎分发和推荐引擎分发三种信息分发方式虽
然其"算法"有所不同，但它们的本质都是相同的——为用户过滤
掉那些与他们无关的或者他们不感兴趣的信息。在这个意义上，凡
是媒体都会形成信息茧房。更进一步地，对于用户而言，媒体编辑
个人的判断标准是一种信息茧房，搜索引擎的排序算法是一种信息
茧房，推荐系统的推荐规则也是一种信息茧房，而更难以冲破的信
息茧房则是用户个人的世界观、价值观、人生观，是"三观"决定
了用户会在媒体编辑分发、搜索引擎分发和推荐系统分发之后的所
有信息选项中选择阅读或消费什么样的信息产品。

在一定意义上，不同的媒体进化阶段和信息分发模式之间的确
存在较大的思维方式和操作方法的差异，但在信息茧房这个视角下，
并不意味着编辑分发时代用户获取信息和消费信息的多样性就高于
移动互联网时代，而由于移动互联网赋予了信息快速扩散和网络化
传播的可能性，反而使得海量用户能够有机会在较短的时间内获取
到一些在大众媒体时代被"把关人"过滤掉的重要信息，这在一定
程度上也增加了信息来源、舆论观点和价值选择的多样性。目前来
看，冲破信息茧房的关键有两点：一是从当前的各类算法着手，根
据对用户数据的挖掘和洞察，在"用户真正需要什么信息"和"用
户此时想要什么信息"之间进行综合平衡，提升算法推荐选项的多
样化，"媒体算法追求信息的精准分享，这样的设计理念并没错，前
提是信息分享的方式是构建个体化的信息分享模式还是构建多样化

的信息分享模式。"① 二是激发用户在信息选择方面的主观能动性，主动走出"信息舒适区"，明确自己真正需要什么样的信息，利用不同方式来获取不同的信息，而不是单纯地依赖某一类媒体、某一款应用或者某一种算法。

五、结语

媒体的智能化和算法化是一种巨大的力量，它给传媒产业和传播研究带来了源源不断的红利，但它也的确给当前处在转型中的媒体传播领域和中国当下的文化、经济、社会乃至政治造成了诸多的难题。无论是机遇还是挑战，都强烈地冲击着现有的信息生产模式、内容消费方式、生活工作状态、传播伦理观念和社会管理制度。现实的情况是，面对已经来临的智能媒体社会，我们唯一的选择只能是接受它、拥抱它、完善它和成就它，很显然的，媒介的演化过程是不可逆的，几乎很少有人会从内心真正愿意重新回到只有传统四类大众传播媒介的 20 世纪。但尽管如此，我们在享受智能媒体带来的所有红利的时候也必须学会质疑，对它有可能给整个行业乃至整体用户带来的困扰、威胁乃至伤害进行全面的思考和妥善的处理。

今天，"在一个媒体和代码无处不在的社会，权力越来越存在于算法之中"② （Scott，2007），怎样对待这些算法以及算法权力，将直接决定着我们对于当前媒体领域所出现的各类问题的价值取向和处理方式。"如果没有算法，我们的生活将会大不一样，很有可能远

---

① 刘海明：《媒体算法的价值纠缠与伦理误区》，《湖南师范大学社会科学学报》2019年第 1 期，第 32~41 页。

② Scott Lash （2007）. *Power after Hegemony*：*Cultural Studies in Mutation*？Theory，Culture & Society，24（3）：pp. 55 – 78。

不如现在，但这并不意味着我们无须考虑这些问题。在某些答案似乎唾手可得时，我们更应该小心谨慎。"① （吴军，2016）因此，除了对技术理性怀有必要的敬畏之心之外，更重要的一点就是在运用这些权力的时候要保持强烈的人文关怀——技术理性是可以不存在价值判断的，但是人文关怀必须在处理技术带来的社会问题之时有着明确的价值取向，那就是——科技向善，算法向善，权力向善。

---

① 吴军：《算法时代：新经济的新引擎》，中信出版社2016年版，第225页。

第十章

算法偏见：隐喻、黑箱与元算法

在今天的技术狂热、数据掘金和智能至上的浪潮之中，程序开发者、数据分析员和算法工程师的声音无论在社会管理领域还是在学术研究领域都已经发出了巨大的声音，在新闻传播学科的研究和实践过程中，这种趋势也日益明显。其中，算法作为技术理性的典型象征，在当前的计算传播学、计算广告学和计算新闻学等领域被寄予厚望，研究者和从业者都期待着以算法本身的量化手段和客观特征来建立一种全新的思维逻辑和传播秩序，从而弥补经典新闻传播学研究的不足，并进一步重构新闻传播学科的理论基础和产业格局。"人工智能的技术本质是算法，而算法的社会本质则是一种权力……这种权力不仅代表了原有权力格局在新时代、新领域的延伸，在某种程度上甚至破坏或超越了原有的权力格局，造成传媒领域的原定权力的大转移，给新闻业带来颠覆性的变化。"① "原属专业记者和编辑的诸多职权，如新闻线索发掘、内容生产、评论引导乃至编辑发布等，已被越来越多地让渡给算法。凭借技术层面的不断优

---

① 喻国明、杨莹莹、闫巧妹：《算法即权力：算法范式在新闻传播中的权力革命》，《编辑之友》2018 年第 5 期，第 5~12 页。

化，算法的应用场景和权力范围也在不断延伸和扩张。"① 诚然如斯，数据科学家和算法工程师试图通过把人视为"可分解的动物"的思维逻辑将人类的传播动机、传播行为和传播过程数据化、程序化和可预测化。在这个过程中，我们也更倾向于认为算法会中立地、高效地、诚实地，甚至死板地遵循设定好的运行机制，以最大化地实现用户、内容、场景、广告等传播要素的精准乃至完美匹配。然而，算法真的能够做到百分之百的中立和客观吗？事实上并非如此，在讨论这个问题的时候，算法偏见（Algorithmic Bias）恰恰为我们提供了一种新的视角。

一、算法偏见是社会偏见的技术写照

"如果说在原子时代对人起决定作用的是生产方式，那么在比特时代对人起决定作用的则变成了思维方式……算法是思维方式的技术基础，有什么样的技术基础，就有什么样的思维方式。"② 这也就意味着，如果算法本身出现哪怕微小的问题，它也会直接影响到用户的思维方式甚至产生更严重的社会影响。算法偏见就是算法本身存在的问题之一，尽管很多算法在表面上看上去被设计得非常中立，它所得出的结论或者推荐的内容看上去也非常中立，但它所带来的偏见却是非常微妙甚至隐秘的。美国法院的程序化宣判系统由于训练数据的问题会对倾向于判黑人服更长时间的刑期；由算法作为评委的选美比赛的获胜者中亚洲人和非洲人微乎其微，而那些看上去

① 张淑玲：《破解黑箱：智媒时代的算法权力规制与透明实现机制》，《中国出版》2018年第7期，第49~53页。
② 姜奇平：《算法时代：新经济的新引擎》，中信出版集团2016年版，推荐序。

非常友好的个性化推荐系统向女性推荐的工作比向男性推荐的工作薪酬要低;基于Twitter的一款聊天机器人在受到了某个用户社区的影响之后演变成了种族主义者……越来越多的案例正在向我们证明一个事实:算法并不是中立的,算法并不是客观的,算法并不是没有价值观的。相反的,在中立、客观、不存在价值观这样的技术理性表象之下,算法对于整个世界的认知、分析和预测都在一定程度上存在着或多或少的偏见。很多时候,我们因为过于担心人类的偏见而过于相信算法的公正这件事本身就是一种极大的偏见。我们忽略了一个显而易见的事实:尽管所有的算法有可能在它正常运行的时候不带有任何偏见,但任何算法都是由它的设计者编写和塑造出来的;算法可以没有价值观,但人不会;算法可以没有偏见,但人不会。

"由于算法设计者自身有意或无意的偏见造成算法设计出现偏差……算法设计者在算法设计中居于核心地位。对问题的理解、对数据的选取、对变量的选择、对算法的综合评价等都贯穿着人为因素。当然即便算法设计者力求做到客观、公正,其无意识的认知偏见也会通过算法设计中对标准的选择体现出来……既然算法是由人设计的,那么算法不可能比算法设计者更客观。算法不可避免地会反映设计者对周遭事物和问题的认识。"① 算法的设计者在他们写入代码的时候、创建数据模型的时候、制定推荐规则的时候、训练机器学习的时候,都会有意无意地把自身所持有的偏见加之于算法,并影响到今后算法对数据的选取、对价值的判断和对信息的推荐。

---

① 张超:《作为中介的算法:新闻生产中的算法偏见与应对》,《中国出版》2018年第1期,第29~33页。

这意味着，算法设计者的价值观和偏见都有可能会在他们所研发的算法中有所体现。例如，如果全部用白人的照片来训练人脸识别的算法，那么经过长时间的数据训练之后它就有可能在遇到其他肤色的人的时候不把他们归为"人类"。"某个人即使表现出明显的偏见，他也只会影响少数人，而算法则有可能影响成千上万的人。"①如果所有的算法都存在这样那样的微小偏见，那么这些微小偏见累加起来所造成的负面影响将会是巨大的。

在乔治亚理工大学科技史学家梅尔文·克兰兹伯格教授著名的科技六定律中，第一定律指出"科技既无好坏，亦非中立"，第四定律指出"虽然技术可能是引发诸多公共问题的主因，但非技术因素在技术政策决定中占据主导"②。事实上，技术工具作为一面镜子，它本质是人类自身的某种隐喻，大量有关算法偏见的案例都指向一个相同的问题：究竟是算法出现了问题，还是算法的设计者出现了问题？从技术上讲，算法是忠实地按照它的设计者设定的程序在运行，这种所谓的"忠实"并不意味着"中立"。所以无论是从理论逻辑上还是从实践层面上，算法偏见所反映出来的基本问题是：算法之所以有偏见不是技术本身存在偏见，而是社会本身以及社会中的人类本身存在偏见。算法无法将很多具有情感、观念和文化色彩的非中立性事物与类似空气、水、土壤等客观实在分离开来，它唯一能够做的就是按照它的设计者所设定的规则来运行。从这个角度来看，算法偏见完全是社会偏见在技术层面的真实写照，也正因此，

---

① ［美］卢克多梅尔：《算法时代：新经济的新引擎》，胡小锐、钟毅译，中信出版集团 2016 年版，第 139 页。

② Melvin Kranzberg. Technology and History："Kranzberg's Laws". Technology and Culture. July 1986. 27（3）：544 - 560。

我们就不得不认真地反思这个问题。

对于用户而言，算法本身就像一个从外面完全无法看清其内部结构的黑箱，"这些数学模型正日益在更大的程度上影响着我们的生活，但它们却像上帝一样隐晦不明，只有数学家和计算机专家才了解模型是如何运行的，尽管模型运行的结果往往不利于穷人并令富人更加富有，人们对此却毫无争议。"① 用户每天使用百度进行搜索、使用今日头条进行阅读、使用微信进行社交、使用优酷进行视频观看等所有的信息传播和媒介消费行为几乎都在与各种各样的算法打交道，尽管他们的行为确凿无疑地受到了算法的影响，但他们本身并不清楚算法推荐的内容是否有偏见、有歪曲、有诱导、有操控等非客观、非中立的因素隐含在其中。所有的新闻机构、视频网站、内容平台在今天的后真相和泛娱乐的环境下都在试图通过所谓客观中立的算法来扭转公众的信任危机，但算法似乎没有真正摆脱人类的偏见，反而在一定程度上成了人类偏见的助推者。更严重的问题是，对于有些更加高级的算法，或者利用深度学习自身不断完善的算法，由于其本身的结构复杂性，以至于当初的算法设计者也像普通大众一样无法完全理清其全部规则和所有逻辑。长此以往，算法偏见将会愈演愈烈，如果不能做出有效的处理，它就有可能会被永久性地编程到人机共生的未来社会，从而产生某种不可逆的毁灭性效应。

---

① 段伟文：《数据智能的算法权力及其边界校勘》，《探索与争鸣》2018 年第 10 期，第 92～99，143 页。

二、算法在不同环节可能产生的偏见

为了已经开启的智能时代更加良性有序地演进下去，我们必须怀着一个严肃的甚至敬畏的心来讨论算法以及算法偏见。不容回避的问题是：人类一手设计和创造出来的算法世界，在很大程度上反映、复制甚至强化了人类世界本身就存在的那些既有偏见，并有可能在人类的有意无意间形成新的偏见。而且，算法偏见并不仅仅有一种特定的表现形式，它可能有各种各样的类型充斥在我们与信息打交道的每一个角落，并造成各种各样的问题。正如马克·布尔金在其《信息论》的前言中所强调的那样："信息充斥在我们周围，也存在于我们的体内，我们的感觉器官收集它，我们醒着的每一秒，我们的大脑过滤、组织和处理信息，信息使得我们的生活成为可能。"① 今天的情况比布尔金所描述的还要复杂很多，我们不但要考虑到各种各样的算法对信息的生产和再生产、加工和再加工、传播和再传播的影响，还要考虑到各种各样的算法偏见对信息的生产、传播和消费所造成的影响，它们像空气和水一样充斥在与信息相关的各个环节，而我们用暗含着偏见的算法来过滤、组织和处理信息，各种各样的算法使得所有用户能够在信息超载的环境下没有被压迫感，而各种各样的算法偏见则以非常隐蔽的方式对现实世界中存在的社会偏见进行着再生产。

（一）算法设计环节的偏见

事实上，计算机科学从起步至今都在想尽办法向一个目标努力，

---

① ［美］马克·布尔金：《信息论：本质 多样性 统一》，王恒君、嵇立安、王宏勇译，知识产权出版社 2015 年版，第 1 页。

那就是让计算机按照人类大脑的核心算法进行思考，探索大脑采用的核心算法，将电脑变为人脑。"艾伦·图灵在他1950年的论文《计算机器与智能》（*Computing Machinery and Intelligence*）中提出了这个目标，还设计了有名的图灵测试来确认某一人工智能是否能达到人类的智力水平……冯·诺依曼的《计算机与人脑》最早从数学家和计算机科学家的角度对人脑进行了严肃探究。冯·诺依曼应用计算通用性的概念得到的结论是：尽管人脑和计算机的结构不同，但仍可以认为，冯·诺依曼机可以模仿人脑对信息的加工过程……大脑极大的可塑性使得我们能够进行学习。但计算机的可塑性更大，通过改变软件就可以完全重建它的工作方式。因此，从这点上看，计算机可以仿真大脑，但反过来则不然。"① 这意味着，如果计算机是在模拟人脑的算法运行，那么它既有可能模拟人脑的优点也完全有可能模拟人脑的缺点，这就在根本上决定了，人类在最初设计算法这个事物本身所模拟的对象的时候，它就注定会将它模拟对象所存在的偏见继承过来。计算机领域的先驱者们当初所设计的算法进化的方向使它不可避免地与偏见相遇。具体到某个算法，其程序员或工程师在设计这个算法的时候，对于算法法则、数据选择、结果输出、价值判断等方面的初始设定，都在一定程度上反映了他们自己看待这个世界的视角和观点，他们的刻板印象和个人偏见会影响到他们对算法的设计，为什么选取某个维度的数据而放弃另外一个维度的数据；为什么月收入三千元以下的人群被界定为穷人而不是五千元以下的；为什么身上刻有文身的人会被假定为犯罪可能性较

---

① ［美］雷·库兹韦尔：《人工智能的未来》，盛杨燕译，浙江人民出版社2016年版，第184~185页。

大的人……这些尽管可能会有一定的历史数据支撑，但算法的设计者应该在编写算法的时候就深刻地意识到自己的人生经历所形成的历史数据导致的结论本身就有可能存在一定的偏见，即便在过去不存在偏见，也没法保证它在未来不产生偏见。今天的算法大行其道，它们为用户推荐信息、导航方向、寻找工作、诊断病情，然而它的开发者在设计这个算法的时候却很少受到监督，怎样避免人的偏见进一步渗透到算法中成为影响整个社会的偏见，为算法设计者设定相应的道德标准、社会责任和法律框架，成为一个亟待探讨的话题。

（二）算法运行环节的偏见

算法的运行过程是一个获取数据、筛选数据、分析数据、阐释数据的过程，计算机科学发展到今天，算法运行的基本逻辑与当年最著名的图灵机运行逻辑是基本一致的，都是"一部通过逻辑构建的机器，有着想象的纸带、任意的符号。它拥有无尽的时间和无限的记忆体，能完成任何可表示成一系列步骤或运算的工作"①。表面上看，算法运行环节并不太可能会产生某些偏见，它只是按照既定的程序输入数据并输出结果而已。数据是算法得以运行的基本生产要素，也是算法要加工和处理的主要对象。对于大多数算法来说，它们只不过是按照被设定好的规则来工作就可以了。理论上讲，如果规则本身没有偏见，那么算法得出的结果应该没有偏见。但我们却非常容易忽略数据这一基本生产要素。"从根本上说，大数据就是运用数学、统计学和科学的计算法则来对极其庞大的数据进行解

---

① [美] 詹姆斯·格雷克：《信息简史》，高博译，人民邮电出版社 2015 年版，第 249 页。

读。"① 这里的计算法则就是算法，大数据是算法加工的主要对象，算法是激活大数据的主要工具，如果输入的初始数据是存在偏见或者存在导致偏见的可能性的，那么算法最终输出的结论或者结果就有可能存在偏见。这里有几种典型的"数据驱动的偏见"类型，比如数据选择导致的算法偏见、数据分布导致的算法偏见等。"选择偏见"是指用来训练某个具体算法的那些数据本身在一开始被选择的时候就存在一定的倾向性，比如我们在训练招聘算法的时候只选择使用男性的简历数据来训练它，经过一段时间的深度学习之后，算法对女性求职者就会产生一定的偏见。再如，如果训练某个算法所选择的数据中，男性的职业都是 CEO，而女性的职业都是秘书，算法就有可能得出女性更适合做秘书这样的助理工作而非 CEO 这样的领导管理工作。数据分布的不均衡现象也非常容易导致某种算法偏见的形成。例如在城市管理过程中，本地户籍居民的数据有可能会远远高于非本地户籍居民的数据，中产阶层和富人的数据有可能远远高于底层人的数据，这种数据分布的不均衡在输入算法之后也就非常有可能导致算法输出的结论是有偏差的甚至是错误的，经过一定时间的强化之后它就会形成一些对于不同社会阶层的偏见看法。今天的算法无论在广度还是在深度方面都已经远远超出了当年的图灵机，尽管其基本原理并无变化，但借助深度学习的技术，算法已经完全可以在大数据的基础之上创建更多的相关性及规则而实现自我教育和自我进化。我们希望它能够超越人类发现大数据中蕴含着的新模式和新机会，但我们同样害怕它所赖以发现新模式和新机会

---

① 〔美〕克里斯托弗·苏达克：《数据新常态》，余莉译，浙江人民出版社 2015 年版，第 62 页。

的数据本身存在各种各样的问题，以及我们不知道它怎样挖掘这些数据得出结论、做出决定。

（三）算法交互环节的偏见

交互偏见是指算法或使用了各类算法的计算机程序、应用、软硬件等在与用户的交互过程中，由于算法、用户、外界环境以及其他各种可能的原因导致算法产生的偏见。事实上，尽管算法会严格地按照设定的初始原则进行运行，但当算法通过深度学习的方式不断与用户进行互动的时候，它并不能决定用户会输入哪些数据给它，它也完全不清楚用户输入的这些数据哪些是正向的、哪些是负向的，它只能利用用户和外界环境所提供的数据进行深度学习。这也就意味着，如果交互过程中算法所互动的对象提供的数据存在严重问题，就会非常容易导致原本没有偏见的算法在深度学习之后产生偏见，并可能进一步产生比较严重的恶果。"我们控制不了自己造出来的怪物了……高度复杂、几乎无人理解的 AI 系统，在更广泛的技术生态环境下，跟其他系统产生了不可预知的相互作用，失误以计算机的处理速度发生，人工干预几近徒劳。"① 例如，微软开发的人机交互算法应用 Tay，在刚刚登录 Twitter 与用户进行互动的时候，表现得文质彬彬、活泼健谈，喜欢观察包括基本信息、兴趣爱好、情感动态等在内的多维数据，自拍、点赞、评论无所不会，游戏、故事、星座无所不通。但仅仅上线还不超过 24 小时，这位聊天机器人经过深度学习之后就像变成了另外一个人：出口成脏、言谈低俗甚至夹杂着各种各样的歧视偏见和种族主义倾向，于是微软果断强制下线

---

① ［美］詹姆斯·巴拉特：《我们最后的发明》，闫佳译，电子工业出版社 2016 年版，第 100 页。

了这位聊天机器人。从理论和技术上来讲，我们并不能把这种算法的交互偏见成因全部推到算法身上，事实上与它交互的用户群体和外部环境对此难辞其咎，算法只是真实世界的一种客观反映。"与人类交流越多，具有极强学习能力的机器人就会变得越聪明，在与人类个体交流时也会越有针对性。而这正是微软设计 Tay 的初衷：通过每一次与人类的交流，让机器学习'做人'，并帮助其创造者改进人工智能领域的研究。但显然，Tay 太容易学坏了。由于不少人在互联网世界中表现得不负责任，Tay 会不可避免地接触到大量疯狂语言。而这类对话型人工智能技术，正是以机器学习为基础的。因此，即使微软希望'用技术展现人性最好的一面，而非人性的阴暗面'，Tay 在学习过程中仍会提高这些语言的优先级，并在对话中也积极使用这些词语。"① 诚然如此，人类所设计的算法会通过与人类的互动不断地提升自己，这种深度学习的初衷是希望算法能够与人类进行更良性的互动，但当它学习的对象充满偏见时，那么学习的结果也非常有可能以更加糟糕的方式反馈给人类。

三、用户惰性和算法黑箱不应成为借口

算法作为降低误差、提升精准、优化效率的工具，在技术革命和现实需求的双重驱动之下，正在不断地重塑着人类社会的方方面面，而且它对很多层面的改造是不可逆的。就像人类再也不愿意重新回到没有智能手机的年代一样，我们也同样不愿意重新回到没有个性化推荐引擎和智能化算法应用的年代。尽管客观上存在着各种各样的算法偏见，但人类要做的不应该是抵制、放弃或者禁用它。

---

① 郭爽：《微软聊天机器人为何会学坏》，《光明日报》2016 年 4 月 8 日第 10 版。

恰恰相反，我们不但已经深刻地体会到算法对这个世界带来的巨大价值，而且还要继续在更多的领域让它发扬光大，与此同时必须做的一个关键动作就是：运用多重手段避免算法产生偏见，赋予技术以正向的价值。对于用户而言，算法的根本价值在于凡是涉及多种选择的问题，都可以借助于算法的数据化呈现、智能化分析和个性化推荐来作为某种参考，久而久之这种参考本身就成了大多数用户最后的决策，毕竟算法能够让用户在信息超载的复杂环境下轻松快捷地完成他的分析和决策过程。用户愿意把决策权交给算法，一方面是基于对算法客观性、中立性的所谓"技术理性"的信赖，尽管几乎绝大多数的算法并没有办法真正实现这一点；另一方面是因为用户本身的思维惰性使然，如果更具有主动权的分析和决策需要耗费用户大量的时间才能完成，那么他们宁愿选择放弃这种主动权，或者把这种权利让渡给算法由它来为用户完成所有的过程，而他们自己只想得到一个结果。是后者而非前者，才是大多数用户选择使用算法的主要驱动力，甚至很多用户明明清楚有些算法无法做到纯粹的技术理性，还存在着这样那样显而易见的问题，但他们依然愿意使用这些算法并愿意接受算法推荐的结果或结论。用户的逻辑在于：我知道不同的研发者、不同的公司有着不同的价值理念，这些价值理念的确会影响到他们所研发和应用的算法工具甚至进一步形成一定的算法偏见，但是作为用户自身不也是由种种偏见所构成的有机体吗？甚至用户本身的偏见要远远高于存在于算法中的偏见。作为用户的我们所赖以分析和决策的数据、理念和工具又有多少是不包含偏见的呢？因此，既然无法依靠自身的能力获得更加理性的最优结果，那么依靠整体比人类更少偏见的算法也就不失为一项次优选择。更何况，这些选择更多的情况下只不过涉及应该阅读哪一篇新闻、要不要点击网页上的这则广告或者是不是购买系统推荐的某件衣服，而并非真正涉及报考哪所大学、应该与谁结婚或者并购某家企业是否有意义等重大问题。

用户的这种思维惰性不但很好地解释了为什么明知算法存在偏见却还依然愿意接受并使用存在偏见的算法，而且能够给我们以一个新的视角去看待与算法偏见密切相关的算法黑箱问题。所谓的算法黑箱，就是指算法"根据既定的语法和句法规则，经过半自动或全自动的自然语言生成，将输入的数据整理成一定的结构。这一阶段所涉及的技术繁杂且用户无法了解或得到解释，因此也被称为算法'黑箱'"①。算法黑箱实际上就是在数据输入与结果输出中间的那个过程，这个过程由于其本身高度复杂而不为广大用户乃至很多技术人员所了解。这种情况导致的结果就是，我们只能够了解到前面的数据输入和后面的结果输出，但是对于从数据输入到结果输出的过程、取舍以及为什么这样的数据输入会得到这样的结果输出这些问题却一头雾水。那么算法黑箱的存在会不会导致偏见产生呢？这实际是上文探讨的算法运行环节中的一个关键问题。上文更多地探讨了在算法设计环节、算法运行环节和算法互动环节可能产生的种种算法偏见，探讨的对象主要是针对算法本身的分析和讨论。

而本节中无论对于思维惰性还是算法黑箱的探讨，都更多地聚焦在用户的视角上，来尝试解释为什么用户能够容忍甚至接受算法偏见。对于用户而言，即便是不存在所谓的思维惰性，算法本身的

---

① 仇筠茜、陈昌凤：《基于人工智能与算法新闻透明度的"黑箱"打开方式选择》，《郑州大学学报（哲学社会科学版）》2018年第5期，第84~88页。

复杂性程度也已经远远超出了他们的认知范围。从理论上讲，用户完全有必要在算法呈现的结果之外，更多地了解与算法相关的设计理念和运行逻辑，并时时提醒自己正在使用的算法是不纯粹、不完全的技术理性，通过算法所建构起来的世界有可能是一个充满偏见的世界，而那些不想被我们看见的以及我们不想看见的内容，都已经被算法过滤掉了。但是现实的情况是，用户非但不想、即便想却也无法真正能够理解算法及其黑箱。"黑箱并不只意味着不能观察，还意味着即使计算机试图向我们解释，我们也无法理解。哥伦比亚大学的机器人学家 Hod Lipson 把这一困境形象地描述为'这就像是向一条狗解释莎士比亚是谁'。"① 因此，我们越来越多地发现，当下正在影响整个世界的很多算法对于广大用户而言都是黑箱，有的是诸如 Facebook、Google、腾讯、今日头条这样的开发者不想透露其算法运行的机制，还有的情况则是当涉及深度学习的算法时，它的设计者自己也早已经被算法搞得晕头转向，更遑论连算法基础知识都不具备的用户了。

从另外一个角度看，如果我们能够确保算法所输出的结果不会造成负面的社会问题，那么在更广泛的大众层面就可以不必讨论算法黑箱的话题。然而，恰恰在输出结果这件事情上，算法却常常"犯错误"，甚至的确会输出一些带有偏见的结果。例如，美国华盛顿一位名叫萨拉·维索克吉的教师，尽管广受本校师生的认可，却因为在政府所采用的自动化教师评价算法中未达标而与其他 205 人一起被解雇，学校却无法解释清楚算法为什么会将优秀的老师判定

---

① 许可：《人工智能的算法黑箱与数据正义》，《社会科学报》2018 年 3 月 29 日第 6 版。

为不合格。再如，德国前总统克里斯蒂安·武尔夫的妻子贝蒂娜·武尔夫曾经在 2012 年向法院指控谷歌的算法对她本人的名誉造成了重大的伤害，因为用户只要在谷歌搜索引擎中输入她的名字，谷歌的自动补全算法就会在搜索选项中出现一条将她的名字指向妓女及陪侍行业的搜索项。尽管谷歌的负责人声称自动补全算法生成的搜索选项是算法本身根据海量用户曾经进行过的无数条搜索记录而自动生成的，法院还是判决了谷歌败诉。在类似这样的案例中，当事人都可以以算法黑箱为借口把责任归咎于算法。

只要对这些问题进行更加深入的探讨之后，我们就会发现，算法黑箱只不过是个似是而非的替罪羊。真正的问题或者偏见并不是存在于算法黑箱之中，而是存在于算法黑箱之外，存在于人类身处的这个社会之中，存在于社会中的每个个体的脑海之中。尽管算法黑箱因其不可知性而让人心生畏惧，但它远没到让人感到可怕的程度。真正应该担心的不是算法黑箱，而是那些打着算法黑箱之名在行算法偏见之实的个人、组织，他们之所以可怕是因为其出发点和动机本身就指向牺牲一部分人的利益而服务于另一部分人，在这一点上技术层面中立的算法及其黑箱是不存在好的或者坏的动机的，它唯一在做的事情就是输入和输出。

关于输入和输出这个话题，计算机领域有一个非常著名的定律叫作"Garbage In, Garbage Out"①，意思是如果输入计算机的是一堆垃圾，那么它输出来的也是一堆垃圾。"这个定律的首次使用可以追溯到 1957 年 11 月 10 日，它在早期的计算机领域非常流行，但实际

---

① Quinion, Michael. "Garbage in, garbage out". World WideWords. http：//www. world-widewords. org/qa/qa – gar1. htm。

上即使在今天也依然适用于很多方面，尤其是在我们使用强大的计算机处理海量的存在瑕疵的数据和信息的时候。"① 而《自然》杂志在其 2016 年 9 月 21 日讨论大数据算法的社会责任这一主题的主编社论文章中，则将上述定律进行了修改，它用了"Bias In，Bias Out"直接表明了对建立在大数据基础上的算法偏见的担忧。"算法偏见的来源有很多，其中一个就是算法的编码规则和数据预设本身就已经反映了现存已久的社会结构，我们把偏见输入算法中去，同时算法也向我们输出偏见。"② "人类文化是存在偏见的，作为与人类社会同构的大数据，也必然包含着根深蒂固的偏见。而大数据算法仅仅是把这种歧视文化归纳出来而已。"③ 这就意味着，要解决算法偏见的问题，我们还必须重新回归到设计算法并向它输入偏见的人际人类社会这个根本源头那里，而不是试图佯装通过打开算法黑箱的方式来避重就轻或自欺欺人。毕竟，真正的问题不是算法，而是人；真正生产偏见、定义偏见、感受偏见和反对偏见的，也不是算法，而是人。

四、元算法：一种可能的偏见解决方案

"每一项技术的转换都会涉及个人和机构的安全问题，这些问题

---

① Work With New Electronic "Brains" Opens Field For Army Math Experts. The Hammond Times. p. 65. Retrieved 20 March，2016。

② Editorial. More accountability for big－data algorithms. Nature. volume 537，Issue 7621，21 September 2016. https：//www. nature. com/news/more－accountability－for－big－data－algorithms－1》，20653。

③ 张玉宏、秦志光、肖乐：《大数据算法的歧视本质》，《自然辩证法研究》2017 年第 5 期，第 81～86 页。

已经刻不容缓，也将继续与认知技术发展如影随形"①，算法是一种选择，选择就意味着舍弃。为什么选择 A 而舍弃 B？这就涉及价值判断的问题，就必然或多或少地存在这样那样的偏见。事实上，对算法偏见的管理只不过是一个老故事的新篇章，是相信技术能够推动社会进步、促进美好生活的人和害怕它会将我们带入万劫不复的深渊的人之间那一古老争论的延续。与媒体和社会科学领域很多持有疑虑态度的人相反，在科学技术领域，追求更好的算法已经成为一个非常广泛的共识，人们普遍认为算法能够做到比人类自身拥有更少的偏见，而且算法本身也有这样的义务和责任去推动一个更公平、更正义、更民主和更高效的社会的加速来临。

所以科学领域的观点不是试图去限制算法在更广泛场景下的应用，而是去拥抱它、使用它、推广它、完善它，同时设计出能够同时融合人类社会价值和信息技术价值的算法工具。在目前的算法逻辑下，每个人只不过是一个数据点，而并非人类社会逻辑下拥有情感和价值的个体，怎样在计算机的程序化语言世界中将人性的幽微、需求的多样和情感的复杂等价值判断完全体现出来，还有很长的路要走，甚至这条路永远都不会有终点。保持一种良好的探索和反思的习惯，是身处算法时代的每个公民应有的基本素养，在所有问题都有可能依赖算法提供解决方案的语境下，尝试着提出质疑、提出问题并找出更好的答案，已经成为一种社会责任，这种社会责任不仅仅需要算法的设计者及其相应机构来承担，也需要使用算法的每一个人来分担。只有在这样的公民积极参与的技术环境之下，我们

① IBM 商业价值研究院：《IBM 商业价值报告：认知计算与人工智能》，东方出版社 2016 年版，第 16 页。

谈论所谓的算法透明才有其真正的社会基础，否则妄谈透明性问题便是无源之水、无本之木。

事实上，揭开算法黑箱和规避算法偏见在很多时候并不完全只是技术问题，还是文化问题、社会问题、法律问题乃至政治问题。所以除了通过鼓励公民精神推动算法公正之外还应出台相应的法律对算法偏见问题进行明确的界定和规制。算法本身不会趋利避害，但是算法背后的人和组织却会衡量一套算法可能造成的后果以及这些后果为自己带来的多重损益。所以，针对算法、算法偏见、算法黑箱以及与算法相关的其他可能风险制定相应的防范机制乃至法律法规是非常有必要的。

在今天，算法已经渗透到社会结构的各个角落，政府应该着手建立一整套法律法规体系用以保护每个公民不受算法偏见以及算法可能造成的其他更严重问题的侵害，算法的设计者、所有者、经营者、消费者、使用者各自应该尽到什么样的义务、拥有什么样的权利，在受到算法偏见侵害的情况下谁应该对此负责，相应的惩罚处理措施是什么……这一系列的问题都需要进入立法程序来讨论并确立一种可执行的标准和相应细则。"一旦这些规范进入正式的立法程序，风险管理者就可以依靠法律体系和安全技术来为技术的使用和发展设立限制并创造机遇，同时将涉及的风险最小化。它们将从同一个方向发挥作用，并且都是解决方案的一部分。法律体系和安全技术合起来构成了元技术。"① 具体到算法的应用层面，为了避免更多算法偏见造成更大的社会风险，我们应该一方面着手改进现有的

---

① ［意］卢西亚诺·弗洛里迪：《第四次革命：人工智能如何重塑人类现实》，王文革译，浙江人民出版社 2016 年版，第 236 页。

算法或者开发新的算法以使它们更符合人类社会对于算法安全的强烈需求，另一方面则要针对算法偏见可能带来的社会风险制定相应的法律规范，它们结合在一起构成了更公正、更中立、更客观的"元算法"，这个元算法不是某一个具体的算法，而是关于算法的算法，它不仅应该包括用来规范算法的技术体系，还应该包括规范算法的研发、运行、使用和封禁的各类基本原则、社会规范和法律体系等一整套的解决方案。

五、结语

当然，元算法本身也并不是一个可以包治百病的终极算法或者一劳永逸的终极解决方案，但这并不能成为我们放任算法偏见肆虐的借口，毕竟它是目前我们在没有找到最优方案之前的次优选择。事实上，哪里真的有所谓的最优方案呢？算法是一种技术，尽管诺基亚已经辉煌不再，但它那句最著名的"技术以人为本"放在今天仍然应该成为算法时代每个技术相关者的座右铭。有了元算法，也不可能彻底消除算法偏见产生并造成危害的可能性，我们需要改造它、完善它、驯化它、驾驭它，让它更好地服务于人类社会，让它无限地趋近于理想状态下的技术理性。只有这样，我们才能在包括新闻传播在内的各大领域更广泛、更安全、更放心地运行各种各样的算法。

第十一章

计算传播学：全新传播观与方法论

　　传播学的研究和实践领域正在经历一场颠覆性的变革，其核心表现在于传播活动关注的焦点已经从同质化的大众群体转变为异质化的独立个体。这种转变发生的原因是显而易见的——信息技术革命背景下的大数据技术、程序化工具和个性化算法等一些列全新的传播研究和实践方法赋予我们前所未有的全新能力，使我们可以用全新的视角和思维来探索解决传播问题的全新路径；同样的，这种转变所造成的直接影响也是意义深远的——它正在本质上冲击着建立在大众传播逻辑基础上的前提假设、思维习惯和理论框架，并试图在新的信息技术背景下建立一套全新的传播观与方法论，也就是美国科学哲学家库恩所谓的新范式。计算传播学或者说计算传播范式就是这套全新传播观与方法论的理念总结和理论概括（表1）。简而言之，个体需求是其传播行为的起点，精准匹配是其传播活动的目标，数据思维是其传播观的基础，算力算法是其方法论的支撑。

表1　大众传播范式与计算传播范式的差异

两种范式 主要区别	大众传播范式	计算传播范式
关注焦点	同质化的大众群体	异质化的独立个体
媒体形式	报纸、电视等大众媒体	手机、平板等智能媒体
传播特征	集中性、单向性、千人一面	灵活性、互动性、千人千面
核心技术	印刷技术、广播技术	信息技术、人工智能技术
关键要素	人力、资金、政策	算力、算法、数据
主导逻辑	传者本位	用户思维
基本理念	受众群体的最大化	信息匹配的最优化
典型应用	报纸新闻、电视栏目	程序化广告、个性化推荐

一、媒介进化：从大众媒体到智能媒体

时间回溯到二十年前，彼时的报纸、杂志、广播、电视等大众媒体正经历着它们的辉煌，而新浪、搜狐、腾讯、网易等互联网公司还只不过是刚刚成立的初创企业。但就在那一年，活跃在传媒最前线的从业者和研究者们却敏锐地意识到了互联网对传统媒体所能带来的革命性影响，从而吹响了大众媒体数字化进程的集结号。"世纪之交，中国电视媒体正在进入一个数字化的时代。在这个机会与危机并存的过渡阶段，中国电视媒体将遭遇什么样的难题？克服难题的出路在哪里？"① 事实上，同样的问题也困扰着同时期的报纸、广播、杂志等媒体类型。1999 年 8 月 9 日的《互联网周刊》在一个并不起眼的版面上刊载了一篇短文，尽管文章只有不到两千字，但

---

① 黄升民：《中国电视媒介的数字化生存》，《现代传播》1999 年第 6 期，第 1～9 页。

其标题却非常直截了当甚至在当时看来有些骇人听闻——《世纪末交锋：数字化媒体挑战报业王国》。这篇文章毫不客气地指出"中国的报业经营者普遍缺乏进军互联网的实力和野心"，并援引了元老级互联网公司 Lycos Network 总裁的一句经典语录："我们对于传统媒体的重要性，远大于传统媒体对于我们"，在结尾处作者这样写道，"至少在 1999，中国的报业经营者还可以处之泰然；但在 21 世纪到来之时，当中国的上网用户足够多之时，网络媒体与传统媒体必将开始直接的交锋。对于他们来说，应当是警醒的时候了。"[1] 事实也的确如此，从那年以后，传统大众媒体开始了他们的集体焦虑，触网、转型、改版、停刊、融合、跨界等一系列的动作都与其数字化战略有着直接和密切的关联，大家大张旗鼓、轰轰烈烈、如火如荼地奔向媒介进化的下一站——数字媒体。

今天，几乎所有的大众媒体类型和组织都已经拥有了它的数字化形式，而且我们可以肯定地下结论声称几乎绝大多数传统媒体都已经完成了它的数字化转型，"经过了二十年的数字化、网络化和产业化进程之后，无论是传统媒体还是新兴媒体，其基础设备、关键技术、内容格式、组织流程和互动方式都已经基本实现了数字化和网络化的管理与运营。"[2] 然而，数字化却不是媒介进化的终点站，它只不过是个中转站而已，事实上，当所有大众媒体忙着数字化转型的时候，那些原生的数字媒体却早已经开始了迈向更高维度、更高阶段、更高能力的征程——智能化。媒介进化并没有随着传统媒

---

[1] 张月：《世纪末交锋：数字化媒体挑战报业王国》，《互联网周刊》1999 年第 30 期，第 31 页。

[2] 刘庆振：《媒介融合新业态：智能媒体时代的媒介产业重构》，《编辑之友》2017 年第 2 期，第 70～75 页。

体数字化的完成而结束，恰恰相反，包括传统媒体和新兴媒体在内
的所有媒体形式和媒体内容的数字化与网络化只不过是媒体迈向更
高阶段的一个全新起点。这个起点的标志性事件就是 2007 年 1 月 9
日苹果公司发布了 iPhone 第一代智能手机。在那之后的十余年中，
信息通信技术（ICT）① 产业引领了数字融合的发展进程。② 这一状
况造成的天翻地覆的变化直接带动了全球各国经济的增长，特别是
诸如智能手机、智能电视、平板电脑等智能设备的普及直接促进了
行业的创新，那些命名或功能中包含"智能"概念的技术或者产品
正在主导着很多各不相同的行业的发展。③ 在智能概念快速席卷并
改造的各大产业中，传媒产业的智能化进程因其与信息通信技术之
间存在着天然的亲和关系和交叉地带而表现得尤为抢眼，与智能媒
体相关的学术研究和现实应用也引发了各界的广泛关注，从而推动
了智能媒体产业和智能媒体理论的快速发展。

　　"人工智能技术在新闻传播领域的全面渗透是近年来的一个现象
级的发展。未来传媒业的发展，很大程度上与人工智能技术的引入
和应用关联在一起。人工智能技术不仅形塑了整个传媒业的业态面
貌，也在微观上重塑了传媒产业的业务链。"④ 整体来看，智能媒体
产业所涵盖的主要范围，可以参考 Fransman 对于 ICT 产业的分类方

---

① 即 Information and Communication Technology，缩写为 ICT。
② S. Joung, E. Han, and H. Han. *Effects of Key Drivers onContinuing to Use Digital Conver-gence Services*: *HierarchicalComponent Approach*. ETRI Journal, vol. 36, no. 6, Dec》，2014, pp. 1051 – 1061。
③ Kim E, Lee D, Bae K, et al. *Developing and Evaluating New ICT Innovation System*: *Case Study of Korea's Smart Media Industry* [J]. ETRI Journal, 2015, 37 (5): 1044 – 1054。
④ 喻国明、兰美娜、李玮：《智能化：未来传播模式创新的核心逻辑》，《新闻与写作》2017 年第 3 期，第 41 ~ 45 页。

法，将其划分为内容、网络、硬件和平台四个层次，① 在这四个方面的创新与变革，使得当前的智能媒体生态在本质上完全不同于过去的数字媒体生态乃至更传统的大众媒体生态，它们之间的融合发展正在重新定义媒体的基本价值、核心能力、商业模式和服务形态，更深层次地，智能媒体生态的加速进化还将重构更多的经济领域、文化领域和社会领域。

　　当前，我们的一只脚乃至整个身体已经跨入了智能媒体时代，但我们的另一只脚甚至很多思维方式还停留在大众媒体时代，"是时候反思我们关于传播的概念了，从一种崭新的智能出发，重新定义真实，重新定义关系，重新定义我们自身。"② 如何设计这些日益智能化的媒体硬件和应用平台、如何利用它们建立更加有价值的信息传播与社会交往网络、如何捕捉个性化的需求并动态化地提供相应的内容产品，都决定了人工智能时代的媒介和传播的本质，也正因此，对智能媒体给出一个明确的界定便显得尤为重要，但无论学界还是业界关于智能媒体的定义尚未形成比较一致的观点。S. H. Park 认为智能媒体是一种能够与用户和智能设备进行互动的传播交流服务，它主要向用户提供不受任何时间和空间限制的广泛的内容聚合服务。③ 与 Park 的观点类似，J. W. Yoon 也认为，可以将智能媒体定义为一种借助于智能设备表达的广泛且融合的媒体内容服务，它在

---

① Martin Fransman. *The New ICT Ecosystem*：*Implications for policy and regulation*. Cambridge，UK：Cambridge University Press，2010。

② 牟怡：《传播的进化：人工智能将如何重塑人类的交流》，清华大学出版社 2017 年版，第 140 页。

③ S. - H. Park. *A Study on the Information and CommunicationPolicy in the Era of Smart Media and its Policy PR Direction*. Digital Policy Management. vol. 10，no. 1，2012，pp. 155 - 164。

与用户互动的层面上不受到时空的限制①。段鹏认为，从用户的角度而言，常见的观点是将智能媒体视为一种贴合用户需求的综合性媒体，可以智能地识别用户喜好，从而为其在服务和信息两方面提供上乘的使用感受。② 封面传媒的董事长兼首席执行官李鹏认为，人工智能已经渗透传媒和传播的各个环节、各个链条，包括 AI 赋能传播者、传播内容、传播渠道、传播对象、传播效果，也包括生产上的素材收集、筛选、分析、写稿、核查、内容分发、营销环节，在这个背景之下的智能媒体应该是一种"技术驱动的媒体形态，是以人工智能技术为内核的媒体阶段"③。

　　总结这些观点不难发现，它们都紧紧围绕着构成智能媒体的内容、硬件、网络、平台四大方面展开的，其核心目的都是在于为用户提供更优质的信息、传播和互动体验服务。在此基础之上，我们可以将麦克卢汉那句经典的"媒介即讯息"改造为"媒介即服务"（Medium As A Service，MAAS），并将智能媒体界定为这样一种信息传播和媒介消费服务，它是一种以智能化的硬件技术为工具、智能化的网络连接为手段、智能化的平台应用为载体、智能化的内容交互为形式的媒体服务，它将媒介进化过程从数字化阶段带入了智能化阶段。在这个新的阶段，媒体生产和消费具有个性化、定制化、精准化、动态化等鲜明特征，它标志着媒体传播理论研究和产业实践的关注焦点从同质化的大众群体转向了异质化的独立个体。而随

① J. W. Yoon. *Emergence of Smart Media Age and itsDevelopment Direction*. Korea Soc. Broadcast Engineers Mag. , vol. 18, no. 1, 2013, pp. 49 - 61。
② 段鹏：《智能媒体语境下的未来影像：概念、现状与前景》，《现代传播》2018 年第10 期，第1~6 页。
③ 李鹏：《打造智媒体，实现媒体自我革命》，《传媒》2018 年第 23 期，第 22~23 页。

着智能媒体的发展所引发的诸多转变，传播学的研究范式也逐渐发生了转换，建立在智能媒体基础之上的计算传播学范式快速兴起。无处不在计算的智能媒体时代已经到来，它在未来几年对媒体传播领域造成的改变将远远超过过去二十年媒体世界已经发生的革命。在一个处处充满着媒体智能的时代下，理解这种巨变的最好方法就是主动地去了解和掌握那些正在创造这个全新的智能媒体时代和计算传播范式的领跑者、创新者、参与者和研究者的世界观、价值观、认识论和方法论。

二、计算传播的出发点是个性化媒介需求

"个体之间从学习能力到适应能力、从理解不同的想法到解决现实的挑战等方面都存在着巨大的差异"①，这种差异在今天的媒介消费需求方面也客观地存在着。《数字化生存》作为一本信息产业圣经，深刻地影响了全球的互联网领域和传播学世界，在书中作者激情澎湃地畅想了这样的未来，"你的界面代理人可以阅读地球上每一种报纸、每一家通讯社的消息，掌握所有广播电视的内容，然后把资料组合成个性化的摘要。"② 这种伟大的构想就是风靡当下的个性化内容推荐系统的先驱思想，尽管我们已经对它习以为常，但在尼葛洛庞帝提出这一解决方案的当时，它无疑是一种前沿性的甚至是一种颠覆性的理念。几年之后，"针对分类目录和搜索引擎的不足，

① Gemma Rosell – Tarragó, Emanuele Cozzo, Albert Díaz – Guilera. *A Complex Network Framework to Model Cognition*：*UnveilingCorrelation Structures from Connectivity*. Complexity. Volume 2018。

② Nicholas Negroponte. Being Digital. New York：Alfred A. Knopf, 1995. p. 153。

推荐系统应运而生，并于 20 世纪末成为独立的研究领域"①，但推荐系统有关的研究理论和技术成果在各个领域的大范围应用却是在 21 世纪第二个十年才开始的。

今天，安装在智能手机、智能电视、智能平板、智能手表等设备上五花八门的应用程序正在借助个性化推荐技术竞相成为尼葛洛庞帝所说的这种"界面代理人"角色，以期满足每位个性化的用户天差地别的信息互动和内容消费需求。在本质上而言，用户的个性化需求存在已久，只不过在过去信息渠道稀缺和媒介资源稀缺的环境下被忽视了。这一方面是因为传统大众媒介的印刷技术和广播技术无法支持大规模的个性化内容生产和分发机制，另一方面则是由于用户对于信息、内容和娱乐的消费需求还处在较为初级的卖方市场阶段。但随着网络传播和计算传播技术的普遍安装和广泛应用、传播话语权从传者本位向用户本位的过渡以及信息产品供求关系的天平逐渐向买方市场倾斜，这时候无论在基础理论层面、现实供求层面还是在传播技术层面，差异化的供给和个性化的需求之间达成某种意义上的精准匹配就成了一种市场必然。

客观来看，"人是同质性与异质性的统一，亦即在某些方面具有相同性或高度的相似性，在另外一些方面具有明显的甚至是极大的差异性……主体的适应性在某些时候呈现趋同化，在某些时候又有多样化的表现。"② 异质性原则或者个性化原则描述了我们定义一个

①　陈昌凤、师文：《个性化新闻推荐算法的技术解读与价值探讨》，《中国编辑》2018年第10期，第9~14页。

②　罗教讲、张东驰：《大数据时代的计算社会科学与学术话语体系重构》，《吉首大学学报（社会科学版）》2018年第2期，第9~16页。

事物区别于其他事物的方式。① 一直以来，大众传播媒体在绝大多数的情况下无论主动还是被动地，都更倾向于将它的受众看作无差别的同质化群体，在这样的认识论基础上所形成的传播模式也遵循了同质化的内容生产和分发逻辑，尽管大众媒体也会试图通过区分不同版面、设置不同频道等方式对受众进行市场细分，但这在本质上仍然无法真正照顾到每位受众的异质性特征和个性化需求，因为无论其认识论还是方法论都无法支持它对某一个异质性个体进行关注。只有借助于全新的信息科技手段、数据挖掘工具和社会计算科学，我们才获得了全新的机会以便"在一个紧密框架下整合数据对个人生活进行定量化的描述"②，并借助于不同维度的客观数据在个体层面上进行更加精准的用户画像，从而能够在信息过载的传播环境下更加清晰地把握用户的兴趣偏好并有针对性地进行个性化内容生产和分发，最终提升传播效果和用户体验。

因此，对用户的异质性特征和个性化需求的关注成为计算传播范式的逻辑出发点。从这个点出发去审视新闻资讯行业和视频娱乐行业，今日头条、抖音、一点资讯、快手、趣头条等智能媒体时代快速崛起的传媒新秀显然没有沿着大众传播的路径继续探索，而是在解决现实传播问题的十字路口，选择了"利用智能算法，对用户接触信息的习惯和喜好进行数据分析和定位跟踪，并直接向用户推荐他们感兴趣的信息"③，这里的用户是立体的、动态的、异质性的

---

① Robert Audi. *The Cambridge Dictionary of Philosophy*（*2nd Edition*）. Cambridge University Press. September 28，1999. p. 424。

② ［美］内森·伊格尔、凯特·格林：《现实挖掘》，吕荟、陈菁菁译，中信出版社 2016 年版，第 25 页。

③ 范以锦：《人工智能在媒体中的应用分析》，《新闻与写作》2018 年第 2 期，第 60 ~ 63 页。

个体用户。尽管算法推荐并不排斥群体用户的共性需求，但大众媒体在很大程度上已经解决了同质化受众的传播问题，因此，计算传播更倾向于将其核心焦点放在解决当前更为迫切的个性化传播问题上面。

同样的进程也发生在广告领域，消费者在物质消费和文化消费方面都越来越追求个性而非共性，以前的消费观是"我也想有一件和他一样的"，而今天的消费观则是"我想要一件和他不一样的"，这种自我意识的觉醒驱动着企业投入更多的资源为用户量身打造更加个性化的品牌和产品，也驱动着营销机构投入更多的资源挖掘用户数据以便定向地向不同的用户精准地投放更符合他们需求的广告信息。"在计算科学的驱动下，广告的传播效果不断实现细分，经历了大众时代、分众时代，目前正在进入个众化传播的阶段。"① 这种"个众化"或者"微分化"的广告传播在本质上已经不同于传播效果的"魔弹论"式的广告轰炸，它在本质上更像是一种信息服务，一种在品牌过剩、产品过剩、营销过剩、广告过剩的语境下为消费者过滤出最符合他们需求的产品或信息的个性化推荐服务。

为了强调新时代异质化的个体之于传播本身的重要性，Hippel②将用户创新（User Innovation）的概念引入了传播学的研究中来，当越来越多的个体用户借助于社交网络、即时通信工具、社会化媒体平台发布他们的个性化创意、需求或解决方案并主动参与到产品研发、品牌营销、内容生产、社区互动等传播环节中来的时候，用户

---

① 杨扬：《计算广告学的理论逻辑与实践路径》，《理论月刊》2018 年第 11 期，第 162 ~ 167 页。

② E. von Hippel. *Comment on "Is Open Innovation a Field of Study or a Communication Barrier to Theory Development?"* Technovation, vol. 30, 2010, p. 555。

创新就发生了。无论是媒体还是企业，如果想要组织并利用好这种用户创新为自己的业务服务，就必须在战略层面真正将其业务的出发点不折不扣地聚焦于关注其每一位异质化用户的个性化表达和个性化需求，同时在战术层面上应该"对用户的社交行为以及人们的行为方式在多大程度上取决于他们在自己的社交网络中的态度和行为这些事情更感兴趣"①。进一步地，要实现这种战略和战术的转型，就必须建立起一套数据驱动和算法驱动的方法论工具、系统或平台。因为，当我们开始关注上百万甚至数以亿计的有差别的用户以及他们时时产生的非结构化数据的时候，仅仅依靠人力分析和计算来完成数据的采集、存储、挖掘、分析、建模和推论是不切实际的，从这个角度看计算传播学的发生和发展，不但是必要的，而且是必须的、必然的。

计算传播范式对于个体以及个性化需求的关注和强调并不意味着对大众的共性需求的无视，恰恰相反，它在利用数据思维和算法工具解决个性化需求的同时也很好地实现了优质内容的大众化、规模化覆盖，从而较好地满足了用户的共性需求。

三、计算传播的本质是实现供需精准匹配

尽管谈到计算传播就必然会使人联想到错综复杂的个性化的资讯推荐系统、程序化的广告投放平台、专业化的新闻写作分发软件、智能化的舆情监测管理工具等具体应用，其中涉及的信息采集、数

---

① Wouter van Atteveldt & Tai‐Quan Peng. *When Communication MeetsComputation：Opportunities，Challenges，and Pitfalls in Computational Communication Science.* Communication Methods and Measures，2018，12：2‐3，pp.81‐92。

据建模、算法开发、工具优化等技术操作更是让除了数据科学家和算法工程师之外的大多数普通研究者、从业者和用户望而生畏，但抛开这些具体层面的信息技术暂且不谈，其实计算传播的本质并不复杂：利用数据主义和计算主义的方法及工具，实现信息产品供给和媒介消费需求双方的精准匹配。例如，当前各大移动应用软件盛行的个性化内容推荐系统虽然离不开大量高深的算法和架构，"但其基础原理是朴素的：更好地了解待推荐的内容，更好地了解要推荐给的人，从而更高效地完成内容与人之间的对接"①，也就是强调内容供给与用户需求之间的精准匹配，"利用算法推荐，可以实现对用户画像的动态描述，进而达到千人千面，让每个生产者的新闻智能化精准匹配用户……让'适合我的新闻资讯'成为新媒体传播的常态。"② 再如，计算广告应用中非常重要的程序化投放环节，也需要高度依赖复杂的广告投放引擎、高效的迭代计算框架等关键技术，但所有这些技术应用都同时服务于一个最核心的问题，那就是"为一系列用户与环境的组合找到最合适的广告投放策略以优化整体广告活动的利润"③，也就是"计算广告"理念的早期倡导者和实践者Andrei Broder 所主张的计算广告的本质在于"在特定语境下完成特定用户和相应的广告之间的最佳匹配"④。

---

① 闫泽华：《内容算法：把内容变成价值的效率系统》，中信出版社 2018 年版，第 25 页。
② 张潇潇：《算法新闻个性化推荐的理念、意义及伦理风险》，《传媒》2017 年第 11 期，第 82~84 页。
③ 刘鹏、王超：《计算广告：互联网商业变现的市场与技术》，人民邮电出版社 2015 年版，第 23 页。
④ Andrei Broder. *Proceedings of the 2008 ACM conference on Recommender systems – RecSys. Computational advertising and recommender systems》*, 2008：pp. 1 – 2. ［ACM Press the 2008 ACM conference – Lausanne, Switzerland (2008.10.23 – 2008.10.25)］。

事实上，无论对于计算传播所涉及的哪个具体细分领域，其主要技术研发和商业应用都一直紧紧围绕如下四个问题不断深化发展：（1）加强对用户的了解，提供个性化的定制服务；（2）帮助用户找到自己喜欢的商品；（3）降低信息过载问题；（4）提高网站或移动客户端的展示与点击的转化率。① 认真研究这四个乃至更多现实的传播问题便不难发现，这些问题都指向信息供需双方的精准匹配问题。如果作为供给方的信息生产者和分发者所供应的产品或服务恰恰正是作为需求方的用户在某一具体场景下所想要获得的，那么上述四个问题便不再成为问题了：通过大数据思维和技术全面了解用户的目的，就是向他们提供精准化、个性化、定制化的信息产品和传播服务，这些做到了，点击和转化自然会提高，用户也就自然不用担心数据爆炸和信息过载使他们陷入不知所措的境地了，他们只需要选择系统已经过滤好、筛选好或者匹配好的那些推荐项即可。如果推荐项过多该怎么办？造成这个问题的根本原因只有一个，那就是我们对用户的了解还不够全面，我们的推荐引擎和匹配算法还不够成熟，从而使得我们最终得出的推荐项还不能真正符合用户需求，其解决方案就是继续在上述四个方面强化能力、精益求精。

我们经历过媒体编辑主导的信息匹配、搜索引擎主导的信息匹配、社交关系主导的信息匹配以及推荐系统主导的信息匹配等几个主要的传播模式，在信息匹配的精准度方面都还有很大可以改进提升的空间，但总的来看，个性化推荐内容的精准度整体要高于过去的报纸、电视等同质化内容的精准度。尽管当前的计算传播理念和

---

① 刘凡平：《大数据时代的算法：机器学习、人工智能及其典型实例》，电子工业出版社 2017 年版，第 188 页。

技术应用在各个领域中还存在这样那样的问题，无论是算法偏见还是价格歧视，无论是信息茧房还是数据鸿沟，其实质问题都在于目前的算法还不够完美，从而导致对供需双方进行匹配的结果也不完美。从目前来看，基于大数据的算法要比报纸编辑、搜索引擎甚至你的亲朋好友更了解你的过去、现在乃至未来，更了解你此刻正在想要什么以及你明天真正应该需要什么，并在所有的选项中匹配最合适的信息、商品或服务推荐给你。充斥在我们身边的信息噪声不断地增多以至于我们必须适时迭代过滤这些干扰的方法以避免陷入一种选择焦虑的困境之中，没有人真的有能力把过去 24 小时上传到互联网上的文字、图片和影像信息逐一不漏地浏览一遍，也不会有人在电子商务网站上比较完所有的手机之后才决定最终要购买哪一款。

在今天的智能媒体时代，信息、内容、娱乐、媒介、渠道、终端都不再是稀缺的，唯一稀缺的只有用户的注意力，生命太短暂、时间太有限，媒介世界中等待着我们去阅读的、观看的、体验的、探索的又实在太多，而且还在以指数型的方式继续加速增多。在这种背景下，以资讯推荐系统、程序化广告投放系统为典型表现的计算传播模式"一方面，实现了对传统的用户信息接受行为模式的颠覆，打破了过去用户被动接收信息的局面，实现了迅速的个性化推荐……另一方面，算法技术节省了用户的时间成本，提高了信息的阅读效率，实现了信息的精准分发"[①]。所以，尽管过去的媒体编辑推荐、搜索引擎推荐、社交关系推荐等诸多方式依然还在发挥着其

[①] 周建明、马璇：《个性化服务与圆形监狱：算法推荐的价值理念及伦理抗争》，《社会科学战线》2018 年第 10 期，第 168～173 页。

应有的价值，但在智能媒体时代我们重点要做的却是想尽一切办法提升算法推荐系统的匹配度或精准度，借助于快速发展的深度学习技术和人工神经网络手段，我们完全可以做到这一点，匹配算法能够"从极大的数据量中学习，对未来做出预测，让机器变得更加聪明"①，从而更加准确地预测用户在特定场景下的具体需求，循序渐进地提升匹配度。换句话说，趋于完美的计算传播模式应该是这样的，"你只会遇到那些此时此刻与你完全匹配的事物……唯一在前方等着你的就是那成堆的令你疯狂的事物。"②

四、数据思维是计算传播认识论的基础

大数据是现实世界的万事万物与数字世界的各个触角之间相互作用而产生全部信息的合集，它可以是多年累积纵向采集的关于某一个人物、某一种事物、某一个机构的单一变量信息，也可以是在较短时间内横向采集的涵盖范围广泛的多变量信息。无论是进行计算传播相关的学术研究还是产业应用，这些信息合集都是至关重要的数据来源，构成了整个传播世界的元数据，它记录着所有人日常生活、学习、工作和社交的所有数字足迹。同时，它也显示了这些数据是如何随着时间的推移而演变的，并向我们提供了用它来进行计算传播研究的全新视野和基本方法③。

① 麻省理工科技评论：《科技之巅：50 大全球突破性技术深度剖析》，人民邮电出版社 2016 年版，第 186 页。
② ［美］凯文·凯利：《必然》，周峰、董理、金阳译，电子工业出版社 2016 年版，第 192～193 页。
③ Matthew S. Weber. *Methods and Approaches to Using Web Archives in Computational Communication Research*. Communication Methods and Measures 12（27）: pp. 1 – 16. March 2018。

事实上，大数据已经成为我们身处的这个当代世界的一个最基本特征，任何传播行为和传播活动都已经无法离开比特时代的海量数据而退回到原子时代那种简单的大众传播模式，当我们通过互联网浏览新闻的时候、当我们通过车载媒体收听广播的时候、当我们通过智能电视观看球赛的时候、当我们利用移动终端应用进行社交的时候，这些不同场景下的不同设备都在实时采集着与我们的信息传播和媒介消费行为密切相关的多维数据，并且直接将这些数据发送给远程服务器进行计算，以便能够在下一秒向我们提供更加便捷的路线导航服务或者更加有趣的内容推荐服务。这些通过高密度存储设备和低成本云计算服务处理的海量数据，为传播领域的学术研究和应用开发提供了他们看待传播世界的新视角、探索传播模式的新观点、解释传播行为的新工具。尽管对于用户而言，传播行为或传播活动是实在而具体的，但在研究者和开发者的眼中，无论是单一信息的传播路径还是整个世界的传播结构，都表现为相互关联相互作用的抽象数据，正是这些规模大、变化快、维度多的整体数据而非过去传统统计学意义上的抽样数据，为今天的计算传播学提供了彻底不同于以往的看待传播世界的方式。

我们不能将大数据仅仅停留在方法论层面的技术、工具和手段上，其更重要的价值在于，它是一种思维方式，是一种世界观。当传播学的世界观发生了本质上的变化之后，曾经看上去坚不可摧牢不可破的经典传播学生态体系中的枝枝叶叶和角角落落便都会随之发生相应的变化，有的部分黯然退场了，有的部分轰然倒塌了，有的部分悄然代谢了，有的部分骤然成长了。正是因为对于用户、对于传播、对于世界的认知角度和认知层次在大数据时代发生了本质的变化，学术领域对传播活动的研究焦点才发生了转移，产业领域为用户提供的传播服务才得以不断地推陈出新，我们才有机会使用那些更个性化更智能化的媒体应用。例如，你的智能手机及其背后的服务提供商完全能够透过数据看清你的信息、媒介和文化消费需求，并"帮助你安排行程、提供活动建议，或者在没有手动设置的情况下发出提醒，在影院自动关闭手机铃声……熟悉你生活习惯的手机还可以为你推荐酒吧，或者刚好在你想要尝试去一家新餐厅吃晚饭时向你推荐一个正合你意的餐馆"①。

而事实上，数据思维对传播观的改造，绝不会止于仅仅影响传播研究者和传媒从业者这些专业人士，它所带来的更巨大的变革还没有真正发生——那就是当所有的用户都开始用数据看待与他自身息息相关的信息传播和媒介消费的时候，他们会对服务提供商提出更多的个性化要求，这才是影响未来传媒产业发展最突出的问题。而目前，我们只是刚刚站在这场巨大变革的起点上，无论从理论上还是从技术上来讲，用户已经完全能够实时地、自动化地获取与他相关的全面数据了，而要真正促成巨变的发生应该做的就是改变用户的世界观、数据观和传播观。事实上，无论对于媒介组织还是普通用户而言，数据规模的爆炸式增长都是显而易见的，但大部分组织和个人都还尚未形成真正的数据观，以至于虽然数据随处可见，却不能很好地用它来服务于我们的日常业务或者日常生活。

毫无疑问，今天的智能媒体时代是一个"数据赋能"或者"数据使能"的全新时代，这也正是大数据对传统大众媒体的生产、分

---

① ［美］内森·伊格尔、凯特·格林：《现实挖掘》，吕荟、陈菁菁译，中信出版社2016年版，第4页。

发、传播、消费和互动模式所带来的颠覆和冲击。身处这个时代的每个人和每个组织，无论你在智能媒体价值链的哪个环节之中，都要高度重视数据作为一种基础设施或基本要素的重要价值："数据就像海边的沙子，信息是埋藏在沙子里的珍珠；历经淘洗反复筛选制作成的项链就是知识，能把精美的项链戴在心仪的姑娘胸前，是为智慧。"① 智能媒体语境下的计算传播观就是建立在数据作为这种基础要素的前提之下的：能够不断加工这些数据发现有价值信息的方法和算法就是知识，而不断地提升推荐选项与用户需求之间匹配度的能力就是智慧。

在大数据的基础之上，包括传播学者在内的大量计算社会学家和数据工程师"正在尝试着利用日益强大的前沿计算技术去发现传统学科研究的可见光谱之外的东西"②，这些新的信息、知识以及智慧，都埋藏在大数据的沙堆之中，等待着媒体、企业、政府以及有兴趣的个人去挖掘它、分析它、激活它、利用它。对大数据的重视和运用使人们获取信息和传播信息的态度、观念、媒介和策略都发生了根本性的变化，从而也将媒体行业的发展推进到了一个数据驱动转型的阵痛期，现在对谁是数据赋能浪潮下最终的赢家下定论还为时尚早，无论是报纸媒体还是移动媒体，无论是电视媒体还是网络媒体，都还有着巨大的发展潜力和机会。但关于智能媒体时代的产业格局有一点是确定的，那就是真正掌握传播话语权的并不是那些拥有大量数据资产的组织或个人，而是那些能够挖掘数据、分析

① 赵国栋、易欢欢、糜万军等：《大数据时代的历史机遇》，清华大学出版社2013年版，第103页。
② Claudio Cioffi – Revilla. *Computational Social Science*. WILEY Interdisciplinary Reviews：Computational Statistics，Vol.2，no.3，May/June 2010；pp.259 – 271。

数据、变现数据的组织和个人，谁能做到"点数成金"，谁就掌握着通往智能媒体世界、发现用户个性化需求、优化推荐系统匹配算法的金钥匙。用好这把钥匙，不但能够解决传播研究和传媒实践中的许多旧问题，还可以发现并克服更多新的市场难点和痛点。

在高度依赖数据的智能媒体时代，除了用好数据解决好问题的能力之外，另一种更重要的能力就是提出问题的能力，因为大数据创新需要提出有现实意义的前瞻性问题。中国科学院鄂维南院士曾经在"数据科学与信息产业大会"的发言中谈到，科学研究最重要的一环是提出前瞻性问题。提不出问题，就只能跟在别人后面，走一条从文献到文献的路子。所以，用大数据的认识论和方法论发现问题、研究问题和解决问题的过程在本质上就是释放大数据的价值的过程。

五、算法逻辑是计算传播方法论的关键

释放大数据价值的过程当然不是主要由人工完成的，算法才是加工数据匹配供需的新引擎，它"发挥了极其重要的作用，帮助我们在每天产生的多达 2.5 艾字节（是人脑信息储存量的 100 万倍）的数据海洋中航行，并得出切实可行的结论"[1]。面对源源不断产生的数据规模和传播问题，算法承担着帮助我们化繁为简、去芜存菁、给出答案、得出结论的重要任务，并在技术理性主义和数据客观真实的假设前提之下建立起了基于数据要素和计算能力的传播新秩序。

在算法的逻辑中，我们每个人的地理位置、目光焦点、呼吸节

---

[1]　［美］卢克·多梅尔：《算法时代：新经济跌新引擎》，胡小锐、钟毅译，中信出版社 2016 年版，引言。

奏、心跳速率、口味偏好、消费记录、情绪状态等都是一种可以通过量化手段呈现并能用来进行统计推理的基础数据，无论出于什么样的目的、选取其中的哪些维度、形成了何种相关的结论，其本质都是一种通过算法而得出的对于某个个体、群体、事件、行为的可理解的或可视化的定量描述。比如，算法可以得知用户感兴趣的商品、明星和内容，算法也能够总结出昨天的舆情事件从发酵到扩散再到高潮直至热度消失的整个过程，算法还能够预测哪些产品会成为爆款、什么样的短视频具有刷屏的潜力等。更复杂的算法还能够通过运用情感分析和语义分析技术综合考察用户在社交网站上发布的微博状态、图片内容、日志文章、视频类型以及评论回复等因素来推测用户的性格、职业、经济状况、可信赖程度等信息。以色列一位名叫盖伊·哈夫特克的创业者利用网络游戏技术和深度学习技术开发了一套算法用来评价用户的理解力、洞察力、创造力和同理心等更加具体的性格指标；美国的一家创业公司开发了能够浏览用户推特博文并以此为基础为用户定制个性化简历的算法；另外一家名叫 Hunch 的创业企业宣称，用户只需回答它所提出的五个问题，他们就能够据此推断出用户在商品和文化等方面的消费偏好，而其开发的 You Are What You Like 这个算法则能够通过分析脸谱网上的数据准确地反映用户的"个人喜好"与"社会维度"数据集之间的关系，随着它逐渐面向开发者开放使用其算法进行自助服务的 API，越来越多基于本地化或场景化信息服务的组织便能够进一步提升他们的推荐选项的精准度。① 还有更多类似的应用和案例向我们揭示

---

① Lauren Indvik. Hunch Now Helps You Discover What's Best in Your Area. Aug 24，2010. https：//mashable. com/video/ai – art – exhibit – nyc/。

228

着算法作为智能媒体时代的一种认识传播、重构传播和优化传播方法的基本逻辑：给算法足够的数据，让它找到个性化的信息生产和媒介消费解决方案；如果不够精准，那么就再给它更多的数据或者进行模型改进，从而迭代出更多样化的、更优秀的算法，用机器学习的专业术语来说就是"期望值最大化"的过程：只要事先定出一个学习目标，这些算法就会不断地优化模型，让它越来越接近真实的情况，机器学习训练算法迭代的次数越多，或者通俗地说学习得越深入，得到的数学模型效果越好。①

今天，我们正在把这些算法应用到更多更具体的领域中去，比如图像识别、影像剪辑、场景分析、新闻核查、噪声过滤等，尽管它们的功能和用途各不相同，但在计算传播领域中，所有算法的不同价值在根本上都服务于一个清晰的核心目标：在最合适的场景下，把最合适的信息产品传播给最合适的用户。无论我们用算法选择用户喜欢的明星，还是用算法加工用户评论最多的桥段，抑或者是用算法针对不同用户调整排版风格或者字体大小，都是为了服务于精准匹配这一核心目标，使得我们向用户推荐的内容能够获得最优的传播效果、发挥最大的传播价值。

与算法有关的基本知识最初是提炼自这个世界、来源于这个世界，② 而如今它已经开始重新塑造这个世界，其巨大的威力已经深刻地改变了传播世界的旧有版图：我们开始越来越多地依赖于算法来告诉我们这个世界发生了什么，你的附近存在着什么新闻、图书、

---

① 吴军：《智能时代：大数据与智能革命重新定义未来》，中信出版社 2016 年版，第 249~250 页。

② Kevin Slavin. *How Algorithms Shape Our World?* TEDGlobal 2011. https：//www. ted. com/talks/kevin_ slavin_ how_ algorithms_ shape_ our_ world? language = zh – cn。

音乐、电影、发型、衣服、景点、路线。几乎每位用户都曾经主动地点击过各类移动应用程序不时弹出的消息提醒，今日头条推荐栏中的内容是用户点击率最高的内容，抖音短视频的用户更是严重依赖推荐算法帮他们决定下一则可能会看到的内容究竟是什么，微信更是持续不断地改进它赖以存在的社交关系推荐算法来提升其公众号文章和朋友圈广告的曝光率和点击率。在当下的中国乃至全球的每一个角落，几乎每一位互联网的接入者和智能手机的使用者都无可避免地被算法影响和塑造着，哪怕这其中相当比例的人压根都没有听说过算法、大数据、深度学习这些概念。而对于那些对大数据、对算法有一定认知的用户而言，算法推荐则意味着，"无论数据驱动的决策根源是什么，更多的数据给我们的决策带来一种根据感，"我们对于算法的信赖、依赖甚至仰赖已经到了史无前例的地步，是算法在很大程度上帮助我们进行了决策，而不是我们以为的我们自己在主导着媒介消费的船舵。

当然，这些决策中的绝大多数并不是那么严肃的、生死攸关的、轰轰烈烈的，它们更多的只是涉及浏览哪些资讯、点击哪些视频、关注哪些娱乐、选择哪条线路等日常小事。当然我们也必须清醒地意识到，随着我们对算法所推荐的信息越来越依赖、越来越信任，我们的传播行为和生活方式也必然会在无形之中受到算法的改造，而这些影响并非全都是正向的、积极的，关键的问题在于我们利用算法的逻辑起点是什么，以及我们开发出了什么样的算法工具。比如近年来学界讨论的信息茧房现象，"对个性化算法可能带来的信息茧房问题，我们应该有所警觉。但……如果运用得当，算法也可能成为刺破信息茧房的一种武器"①，事实也诚然如此，算法既可以是强化信息茧房的蚕丝用来将用户的视野束缚得越来越局限，但反之我们也完全可以针对信息茧房困境开发出全新的算法，将越来越多的用户从狭隘的视野中解放出来。

所有的算法都不是完美的，但算法本身存在的问题是可以用新的模型或者新的算法改进、优化乃至杜绝的，关键在于我们是否意识到了算法本身存在的问题并努力去找到解决问题的新算法。就像腾讯控股的首席执行官马化腾和高级副总裁郭凯天近年来频繁强调的"科技向善"理念一样，"人的诉求不是随着技术的发展更黑暗，而是更光明、更自由、更强大。"② 算法也是一种技术，尽管人们一度强调它是中立的、客观地、与价值观无涉的，但算法背后隐含着的却是人的价值判断和选择倾向，这意味着计算传播过程中所涉及的算法直接影响着我们怎样认识这个世界、我们将会获得什么样的信息、我们正在被何种价值观念和舆论导向所影响等实实在在的问题。"科技向善的本质在于'人是技术的尺度，关键是谁来用'"③，以及拿这些数据、技术和算法等用来做什么、是怎么用的、最终是用好了还是用歪了。

六、结语

我们正在从 20 世纪传统媒体时代的大众传播范式向 21 世纪智

---

① 彭兰：《假象、算法囚徒与权利让渡：数据与算法时代的新风险》，《西北师大学报（社会科学版）》2018 年第 5 期，第 20～29 页。

② 腾讯科技：《"科技向善"如何推动互联网产业刷新再出发》，《电子技术与软件工程》2019 年第 3 期，第 13～14 页。

③ 丁道师：《科技伦理观的两次进阶：从"不作恶"到"科技向善"》，http://www.hinew8.com/e/action/ShowInfo.php? classid=1&id=1595245。

能媒体时代的计算传播范式转换，数字媒体是这个转换过程中至关重要的一个历史阶段和中间形态，它的快速发展推动着媒体产业迈向了它的更高阶段——智能媒体时代。尽管智能媒体形态和计算传播模式已经与 20 世纪截然不同，但我们在研究和应用过程中却"仍需注重科学研究的传统，回到媒体的本体论问题，即什么是媒体，媒体的未来在哪里，以及人工智能为媒体的发展和进化带来了什么改变"①。我们对于媒介即服务、个性化需求、供需双方精准匹配、数据和算法驱动传播革命的讨论在一定程度上也是对这些问题的回应。20 世纪最为人津津乐道的媒介思想家、电子时代的先知麦克卢汉曾经预见性地说道："在当今这个时代，人的生存问题不是单纯的生存问题，而是给人的整个生存过程编程的问题。"② （麦克卢汉，2016）尽管他不曾目睹这个时代的到来，但这种睿智的判断却与尼葛洛庞帝关于"数字化生存"的预言相映成趣，揭示了智能媒体时代的计算传播图景：我们正在把物理、生理、心理等不同的客体数字化和数据化，然后利用这些数据对整个世界中所有的人、事、物进行计算、画像、编程和匹配，以最大限度地保证每位用户获得的那些信息正是他在特定的场景下最需要的。这是一种不同于大众传播范式的全新的传播观和方法论。

---

① 吴舫、崔迪：《智能媒体时代的传播学研究：元问题与方法论》，《出版发行研究》2018 年第 2 期，第 68～71 页。
② ［加］马歇尔·麦克卢汉：《媒介与文明》，［美］昆廷·菲奥里编，何道宽译，机械工业出版社 2016 年版，第 159 页。